Johnson Vom Weiblichen im Mann

Robert A. Johnson

Vom Weiblichen im Mann

Die femininen Archetypen im männlichen Leben

Aus dem Amerikanischen von
Konrad Dietzfelbinger

IRISIANA

IRISIANA
Eine Buchreihe herausgegeben von
Margit und Rüdiger Dahlke

Die Originalausgabe erschien unter dem Titel
Lying with the Heavenly Woman
bei Harper Collins Publishers, 1994
© Robert A. Johnson

Die Deutsche Bibliothek – CIP-Einheitsaufnahme
Johnson, Robert A.:
Vom Weiblichen im Mann : die femininen Archetypen im
männlichen Leben / Robert A. Johnson. Aus dem Amerikan.
von Konrad Dietzfelbinger. – München : Hugendubel, 1996
(Irisiana)
Einheitssacht.: Lying with the heavenly woman <dt.>
ISBN 3-88034-850-2

© der deutschsprachigen Ausgabe
Heinrich Hugendubel Verlag, München 1996
Alle Rechte vorbehalten

Umschlaggestaltung: Zembsch' Werkstatt München
unter Verwendung eines Motivs von Lisa Dordal
Produktion: Tillmann Roeder, München
Satz: Uhl + Massopust, Aalen
Druck und Bindung: Spiegel Buch, Ulm-Jungingen
Printed in Germany

ISBN 3-88034-850-2

Inhalt

EINFÜHRUNG: 7

Die »weibliche Seite« im Leben des Mannes 7

TEIL I

Die weiblichen Elemente 17

Die Mutter 19
Der Mutterkomplex 20
Der Mutterarchetypus 31
Die Schwester 33
Die Anima 37
Die Ehefrau 47
Die Tochter 49
Sophia 50
Die Hetäre 52
Freundschaft 55
Homoerotische Beziehungen 57

TEIL 2

Vermischung der weiblichen Elemente 65

Die »Mutter« vermischt mit anderen Formen
   des Weiblichen 67
Mutterkomplex-Vermischungen 74
Vermischungen des Mutterarchetypus 78
Animavermischungen 81
Vermischungen des Ehefrauprinzips 85
Freundschaft mit Sophia 86

Schluß 87

Die »weibliche Seite« im Leben des Mannes

Die Beziehungen des Mannes zur Frau und seiner »weiblichen Seite« wurden bisher fast immer durch Gesetz, Brauchtum oder Konvention geregelt. Erst in jüngster Zeit hat sich der Mensch die Fähigkeit errungen, in diesen Dingen persönlich zu entscheiden – was einen gewaltigen Evolutionsschritt bedeutet. Diese Freiheit ist uns noch ebenso ungewohnt wie unsere moderne Welt im Ganzen und stellt bislang unbekannte Anforderungen an unser Bewußtsein und Denken.

Für den »primitiven« Menschen – und auch heute noch für einen Großteil der Menschheit – waren die Formen dieser Beziehungen stabil und verläßlich. Für den modernen Menschen hingegen haben sie sich aufgelöst. Er hat so viele Wahlmöglichkeiten, daß er nicht mehr ein noch aus weiß. Früher heiratete ein Mann gemäß den Wünschen seiner Eltern. Er lebte dann nach fast stereotypen Mustern in seiner neuen Familie und hinterfragte diese Gegebenheiten selten, wenn überhaupt. Man könnte einen Mann in einer traditionellen Gesellschaft ebensogut auffordern, sein Verhältnis zur Schwerkraft zu hinterfragen wie sein Verhältnis zur Ehe. Niemals habe ich einen traditionellen Hindu kennengelernt, der darüber nachgedacht hätte, ob er eine erfüllte oder auch nur glückliche Ehe führte. Solche Fragen stellt man sich in traditionellen Gesellschaften eben nicht. Die Evolution wartete also bis in unsere Zeit, ehe sie das Prinzip der Freiheit in die Beziehungen zwischen Mann und Frau einführte. Da jetzt aber der moderne Mann das glühendheiße Eisen der Freiheit einmal angefaßt hat, muß er eine ebenso kühne Bewußtseinstat vollbringen, wenn er die Problematik bewältigen will, die die Geschlechterbeziehungen heutzutage aufwerfen.

Ein Mann, der sich mit den herrlichen neuen Aussichten auf Freiheit in seinen Beziehungen zum weiblichen Element – in ihm und außerhalb von ihm – konfrontiert sieht, braucht spezielle Informationen und eine außerordentliche Fähigkeit der Differenzierung, um mit dieser Problematik fertig zu werden. Wie wir anhand einer afrikanischen Geschichte über die doppelte Anima noch sehen werden, figuriert die »Himmelsfrau« als Erscheinung vom Himmel, die einen jungen Mann, der wie Parzival das Gralsschloß zu früh betritt, durchaus auch überwältigen kann. In dieser Geschichte geht es um den großen Unterschied zwischen der hellen Anima und der irdisch-menschlichen Anima, und um die informierte, klare Unterscheidung zwischen beiden. Wir machen uns in diesem Buch auf die Suche nach absoluter Klarheit in dieser Hinsicht für den Mann, der diesen lebenswichtigen weiblichen Elementen gegenübertritt.

Wenige Männer haben auch nur eine annähernde Vorstellung davon, wie wichtig das weibliche Element in ihrem Leben ist, äußerlich und innerlich. Fast alles, was ein Mann an Sinn für Wert, Würde, Sicherheit, Freude, Zufriedenheit, Sehnsucht und Glück besitzt, entspringt seiner inneren weiblichen Seite.

Wenn Gott »einen Mann und ein Weib« schuf und ihnen gleiche Macht gab (ich übersetze das problematische Wort »Rippe« in der Genesiserzählung von der Erschaffung Evas gerne mit »Seite« oder »Hälfte«), so ist die feine, subtile Hälfte, die den Bereich des Weiblichen darstellt, gewiß ebenso mächtig wie der männliche Bereich. Männer denken in ihrer Selbstherrlichkeit zumeist, ihre eigene Stärke, ihr Besitz und ihre Überlegenheit seien die Garanten ihres Glücks. Das stimmt jedoch keineswegs. Glück ist etwas Weibliches im Manne, etwas Empfindungsmäßiges, das im allgemeinen Geheimnis für ihn bleibt.

Ohne ausgeprägte Männlichkeit ist ein Mann schwach, untüchtig und unbrauchbar. Aber seine weibliche Seite ist es, die seiner Stärke erst Sinn und Bedeutung gibt. Er wird also im Inneren wie im Äußeren nach dieser proteusartigen Eigenschaft suchen müssen, und wir werden bei unserer Untersuchung tatsächlich sowohl eine innere als auch eine äußere Weiblichkeit entdecken. Es ist schwierig für den Mann, die inneren Aspekte seiner weiblichen Seite aufzuspüren, weil wir in einer Kultur leben, die die Menschen dafür nicht gerade gut vorbereitet. Die äußeren Aspekte – Mutter, Gattin, Schwester, Tochter – sind weit leichter zu verstehen.

Unsere westliche, patriarchalisch geprägte Kultur beruht auf Paradigmen, aus denen eine der fortgeschrittensten Zivilisationen der Geschichte hervorgegangen ist. Wissenschaft, hoher Lebensstandard, ein hochentwickeltes Verkehrs- und Kommunikationssystem, die großen Errungenschaften des 20. Jahrhunderts – das alles haben wir uns jedoch nur auf Kosten einer anderen Fähigkeit, der des Fühlens, errungen. In einer Gesellschaft, die das Rationale und Abstrakte so bewundert, ja anbetet wie die unsrige, bleibt wenig Raum für die Funktion des Gefühls. Leidenschaftslose Objektivität ist unabdingbar für wissenschaftliche Forschung. Der Terminus »abstrakt« kommt vom Lateinischen »ab« = »weg« und »trahere« = ziehen. Wir müssen uns selbst von einem Gegenstand »wegziehen«, um eine abstrakte Beziehung zu ihm herzustellen. Und diese innere Distanz verletzt die Gefühlsfunktion unmittelbar. Einfacher ausgedrückt: Es ist nicht möglich, diszipliniert zu arbeiten und zugleich auf seine Gefühlsfunktion zu hören. In der kalten Welt des Abstrakten ist einfach kein Platz für die warme Welt des Gefühls. Jede Frau leidet unter diesem Gefühlsdefizit bei ihrem Mann – sowohl dem äußeren als auch dem inneren –, findet aber meist nicht die richtigen Worte, ihrer Klage über die Einseitigkeit des modernen Lebens Ausdruck zu geben. Und Männer, die durch die harte Schule moderner Abstraktion und Rationalität gehen müssen, werden leicht gefühlsgehemmt.

Das Sanskrit, eine, was Empfindungen anbelangt, überaus nuancenreiche Sprache, ist die Wurzel der meisten indischen Sprachen. Sie hat 96 Ausdrücke für Liebe. Das Altpersische hat 80, das Griechische drei. Wir haben nur noch einen. Die Eskimosprache besitzt 30 Wörter für Schnee, weil Schnee im Leben der Arktisbewohner eine so große Rolle spielt. Hätten wir 30 Wörter für »Beziehung«, wären wir besser dran und könnten diese wichtige Dimension unseres Lebens leichter untersuchen.

Das ist doch ein schlagender Beweis dafür, daß Gefühl und Beziehung in unserer Gesellschaft nur untergeordnete Funktionen besitzen. Sprachliche Defizite in bezug auf irgendein Thema sind immer ein Hinweis auf ein defizitäres Interesse an diesem Bereich. Wir bauen wunderbare Boeings 747 und Atomkraftwerke, aber nur sehr armselige Ehen und Beziehungen. Wir laufen ernstlich Gefahr, daß unsere »Schöne neue Welt« der technischen Wunderwerke aufgrund der zu schwach entwickelten Gefühlsfunktion, die ihre Begleiterscheinung ist, zugrunde geht.

Schon bei einem flüchtigen Blick auf die weiblichen Figuren in den Träumen eines Mannes läßt sich sagen, wie er zu Glück und Behagen in seinem Leben steht. Sind die Frauen in seinen Träumen glücklich, in harmonischem Einklang mit ihm, wird er selbst auch glücklich sein. Sind sie aber krank, schwach oder gar böse, wird es auch ihm ganz oder teilweise an Sinn für Harmonie fehlen. Ich kenne kein anderes Indiz, das so viel über das Glück eines Mannes aussagt.

C.G. Jung analysierte einmal vor seinen Studenten die Traumserie eines sehr begabten Mannes. Ein Traum war, daß eine Frau den Raum betrat, die Hände an die Schläfen preßte, tief aufseufzte und wieder verschwand. »Jetzt muß er es einfach kapieren!« rief C.G. Jung aus. Wenn die innere Frau eines Mannes Unzufriedenheit bekundet und sich ärgerlich aus seiner Sphäre entfernt, werden sein Gefühlsleben und seine Wertvorstellungen unbedingt in Unordnung geraten. Im »Mahabharata«, dem großen Hindu-Epos, ereignet sich ein schrecklicher Moment, nachdem der König die *Shakti* (die Verkörperung des weiblichen Prinzips im Universum) beleidigt hat. Sie antwortet auf die Kränkung, indem sie die sieben Pforten ihres Leibes verschließt, ihren Atem anhält und oben am Kopf austritt, um zum formlosen Universum zurückzukehren. Alle männlichen Elemente im Königreich leiden fortan unter dem Verlust des weiblichen Prinzips und trauern. Bedauernswert der Mann, den seine *Shakti* verläßt, weil er sie beleidigt hat.

Aus alledem geht hervor, daß positive Kontakte zur inneren Frau es dem Mann sehr erleichtern, auch mit den äußeren Frauen seines Lebens gut auszukommen. Im Grunde ist es überhaupt so, daß das Prinzip des Weiblichen gar nicht in innere und äußere Aspekte geschieden werden kann. Doch solange wir uns das Recht zur untrennbaren Einheit noch nicht erworben haben, ist es sinnvoll, sorgfältig zwischen Innen und Außen zu unterscheiden. Goethe beschließt den »Faust«, sein Meisterwerk, mit den Worten: »Das ewig Weibliche zieht uns hinan.« Darin kommt die Weisheit des reifen Mannes zum Ausdruck, der sich das Recht erworben hat, das »Weibliche« als Einheit zu sehen. Goethe brauchte ein ganzes Leben konsequenter Bewußtseinsarbeit, um zu dieser Reife zu gelangen. Der »Faust« ist in unserer westlichen Literatur der beste Führer für jeden, der seinerseits diese Bewußtseinsarbeit leisten will. Man wird überdies nicht fehlgehen, wenn man diesen Bericht einer großen Seelenreise als Autobiografie Goethes liest. Er schildert darin die Schritte, die ihn zur Harmonie mit den konkreten Frauen seines Lebens und seiner inneren weiblichen Seite führten. Es wird uns hier eine Analyse des modernen Mannes in zeitgemäßer Sprache vorgeführt, eine Art Anleitung zur Selbsterfahrung. Wir müssen Goethe für seine Instruktionen in dieser Hinsicht sehr dankbar sein.

Es ist unmittelbar einleuchtend, daß erst das Weibliche dem Leben eines Mannes Farbe, Freude und Beseelung verleiht. Ohne das Weibliche wäre das Leben des Mannes arm, ja tot. *Sie* ist Leben. Obwohl es viele, viele Formen der Annäherung an dieses lebenspendende Prinzip gibt, ist es im Grunde aber doch ein unteilbares Prinzip.

Ein persischer Mythos erzählt folgende bewegende Geschichte: Am Anfang schuf Gott einen Lichtstrahl, der frei und ungehindert durch den Raum schoß, reine Bewegung und Freude. Gott schuf aber auch einen unbewegten Erdkloß und setzte ihn in den Raum, wo sich der Klumpen, unveränderlich und weiblich, leidlos seines Daseins erfreute. Das währte viele Äonen lang, bis das Unvermeidliche eintrat. Der Lichtstrahl prallte auf den Erdkloß und wurde von diesem verschluckt. Der Lichtstrahl, plötzlich gefangen, schrie auf vor Entsetzen, während der Erdkloß erschrocken nach Atem rang, als sein beschauliches Leben unversehens so heftig beschleunigt wurde. Doch beide waren jetzt unwiderruflich zu einem neuem Leben verurteilt. Die Frucht dieser Verbindung war die Melone, die sowohl das materielle Element des Lebens als auch das Ätherische des die Materie durchdringenden Lichtes in sich enthielt. Die ganze Schöpfung, sagen die Perser, entstand aus dieser Melone.

Die Geschichte will sagen, daß der Mann ohne das Weibliche nur ein impotenter Lichtstrahl ist, der auf seiner Ätherbahn den Himmel durcheilt und unfruchtbar bleibt.

Viele Worte haben in unserer Sprache einen erhabenen Klang – z. B. »Rettung« und »Erlösung«. Ich möchte ihnen ein weiteres hinzufügen, das für den modernen Mann ebenso unentbehrlich ist. Es handelt sich um »Differenzierung«, die Kunst klaren, keine Kontur verwischenden Denkens. Stünden einem Koch alle Ingredienzien der Küche – Salz, Pfeffer, Zucker, Essig, Gewürze usw. – nur in einem ununterscheidbaren Gemisch zur Verfügung, könnte er nichts damit anfangen. Trüge ein Handwerker all seine Werkzeuge in einem einzigen Sack bei sich, die scharfen und die stumpfen, die nassen und die trockenen in wirrem Durcheinander, könnte er unmöglich richtig arbeiten. Psychologisch gesprochen, bringt ein Mangel an Differenzierung und Klarheit im Verhältnis eines Mannes zum Weiblichen ähnliche Probleme mit sich. Ich kenne kein Thema, das mehr nach Differenzierung verlangt als die Einstellung des Mannes zum Weiblichen. Wären die Geschäfte eines Mannes ebenso ungeordnet, wie es normalerweise in seinem Innenleben aussieht, müßte er in spätestens einem Monat Bankrott machen. Kein Wunder, daß unsere Kultur eben aus diesem Grund schon weitgehend bankrott ist.

Es ist bekanntlich sehr schwierig, in der Welt des Weiblichen zu differenzieren, ist sie doch von Natur aus diffus. Sie wehrt sich gegen Norm und Ordnung. Es ist die Pflicht des Weiblichen, die harten Ecken und Kanten des Männlichen zu glätten und Sanftmut und Kompromißbereitschaft ins Leben einzubringen. So entstehen Wärme und Freude – aber nur, wenn das Weibliche durch das Männliche dann auch in starke Form und Ordnung gebracht und darin gehalten wird.

Verquickt ein Mann seinen Mutterkomplex mit seiner Frau, wird sein Familienleben chaotisch sein. Überträgt er seine Vorstellungen von der Anima auf seine Tochter, wird er die Tochter schwer verwunden. Kennt er den Unterschied zwischen Frau und Tochter nicht, droht wieder eine andere Tragödie. Jeder dieser Weiblichkeitsaspekte hat seine eigene Berechtigung und ist für sich genommen gesund. Vermischt man sie jedoch, bilden sie ein tödliches Gebräu. Viele Männer leben mit einer solch undurchsichtigen Mischung aus Einstellungen gegenüber dem Weiblichen. Daraus können nur Schwierigkeiten entstehen.

In früheren Zeiten wurden die einzelnen Elemente des Weiblichen durch Tradition und Gesetz ohne Zutun des Individuums fein säuberlich getrennt. Für alles im Leben gab es den vorgeschriebenen, zum Ziel führenden Weg. Normalerweise verließ sich ein Mann bei Entscheidungen, die den weiblichen Aufgabenbereich betrafen, auf seine Frau. Und sie übertrug ihm die Verantwortung in Männerangelegenheiten. Man könnte viele gute Gründe für diese Art der Lebensgestaltung nennen. Aber die Evolution hat uns über diese unkomplizierte Lösung des Problems hinausgeführt. Der Mann fordert Freiheit auch in seiner Innenwelt, und die Frau pocht, besonders in diesen Tagen, auf ihr maskulines Selbstbestimmungsrecht. Die Zeiten der Fremdbestimmung, in denen wenig Freiheit, aber viel Sicherheit herrschte, sind vorbei. Autoritäten bestimmten einst unser Leben und nahmen uns die meisten Entscheidungen ab. Wir haben die Autoritäten als zentralen Bezugspunkt abgeschafft und müssen uns daher jetzt auf Differenzierung und klares Denken verlassen, um in unserer modernen Welt intelligent entscheiden zu können.

TEIL I

Die weiblichen Elemente

Betrachten wir einmal die hauptsächlichen Elemente – innen und außen –, die die weibliche Seite des Mannes ausmachen. Eine genauere Untersuchung würde noch mehr solcher Elemente zutage fördern, aber wir wollen uns hier auf die wesentlichen beschränken. Danach werden wir uns mit den ungesunden Mischungen beschäftigen, die entstehen, wenn ein Mann nicht klar und differenziert denkt. Die meisten Leiden im Leben eines Mannes gehen auf das Konto dieser ungesunden Mischungen. Sie sind mehr oder weniger tödlich.

Hauptformen des Weiblichen, denen ein Mann im Leben begegnet, sind die Mutter, der Mutterkomplex, der Mutterarchetypus, die Schwester, die Anima, die Ehefrau, die Tochter, Sophia, die Hetäre, Freundschaft und Weiblichkeit in ihrer homoerotischen Form, also alle edleren Aspekte des Gefühls, der Weisheit und Beziehungsbereitschaft im Leben des Mannes. Der Reihe nach wollen wir nun all diese Aspekte durchgehen.

Die Mutter

Jeder Mann hat ein menschliches Wesen als Mutter, eine konkrete Persönlichkeit mit all ihren Charaktermerkmalen, Eigenheiten, guten Eigenschaften und Fehlern. Sie ist wahrscheinlich die einflußreichste Persönlichkeit in seinem Leben, gab sie ihm doch seinen Körper, ernährte ihn und zog ihn auf. Dadurch bestimmte sie stark auch seine Einstellung zu Frauen für sein weiteres Leben. Später trennt er sich von ihr, aber sie bleibt doch zeitlebens die »Mama«. Patinnen, Ersatzmütter oder sogar Heime, die Mutterstelle vertreten, spielen unter Umständen eine große Rolle im Leben des Mannes. Doch sind sie nur Modifikationen des menschlichen Wesens, das seine wirkliche Mutter ist. Das wesentliche Merkmal, auf das es hier ankommt, ist, daß sie eine Person und ein Mensch ist. In unserer Untersuchung des Weiblichen müssen wir uns immer wieder daran erinnern, daß die Mutter ein Wesen »da draußen« ist, ein individueller Mensch.

Der Mutterkomplex

Es unterliegt keinem Zweifel, daß der Mutterkomplex das schwierigste Problem ist, mit dem sich ein Mann auseinandersetzen muß. Es ist die regressive Tendenz in ihm, die sein Leben schneller zerstören kann als jeder andere Faktor seiner Psyche. Denn ein Mann, der dem Mutterkomplex erliegt, hat den Lebenskampf so gut wie verloren. Der Mutterkomplex ist sein Wunsch, wieder Kind zu sein und umsorgt zu werden, sich ins Bett zu verkriechen und die Decke über den Kopf zu ziehen, also den Aufgaben auszuweichen, die auf ihn warten. Diese Tendenz kann sich als bloße Stimmung äußern, als Entmutigung, als Lähmung oder einfach auch als Gefühl, daß einem alles »bis hier« steht.

In der Mythologie des Westens wird der Mutterkomplex von dem Drachen verkörpert, dem sich der Held stellen und den er besiegen muß. Die Mythen, alte und neue, erzählen Schreckensgeschichten von Helden, die von feuerspeienden Drachen bedrängt werden und mit knapper Not als Sieger aus dem Kampf hervorgehen. Die holde Jungfrau erwartet den Helden nur, wenn der Drache, der Mutterkomplex, überwunden ist. Unser westlicher Mythos vom Gral und die Sagen um König Artus sind wundervolle Beschreibungen des Drachenkampfes, den der Mann in der Jugend ausfechten muß.[1]

Der erste Schritt zur Bewältigung des Mutterkomplexes ist die Einsicht, daß es sich nicht um die wirkliche Mutter handelt. Fast kein Jugendlicher erkennt jemals, wenn sich dieser Faktor seines Lebens meldet, gegen was er da eigentlich kämpft, und mit größter Wahrscheinlichkeit bezieht er ihn auf »Mama«, die konkrete Frau, die seine Mutter ist. Erst wenn ihm klar wird, daß es nicht jemand »da draußen« ist, der die Konflikte verursacht, kann der eigentliche Kampf, und zwar

---

1 Siehe mein Buch »He: Understanding Masculine Psychology.« Es ist die Chronik der Befreiung eines jungen Mannes von seinem Mutterkomplex.

im Innern, beginnen. »Mama« ist ein individueller Mensch »da draußen«, während der Mutterkomplex eines Mannes stets im Innern liegt. Der Kampf muß gegen die Tendenz des Mannes geführt werden, aufzugeben oder sich in die tausenderlei Ausreden zu flüchten, die ihm in seinem Rechtfertigungsbedürfnis nur allzu leicht über die Lippen gehen. Das ist die große Gefahr des Mutterkomplexes.

Ein junger Mann hat diesen Drachenkampf so gut wie gewonnen, wenn er mit vollem Bewußtsein sagen kann: Ein großer Teil von mir möchte dieses Universitätsdiplom erwerben, ein kleiner Teil von mir hält es für völligen Blödsinn, oder: Eine Hälfte von mir würde am liebsten vor der anstehenden Aufgabe davonlaufen, aber ein kleiner Teil von mir ist bereit, zu tun, was mir als richtig vor Augen gestellt wurde. Ein junger Mann hat eine gute Einstellung zum Leben, wenn sein Mutterkomplex (der Teil seines Wesens, der am liebsten vor der Aufgabe davonlaufen würde) nur den kleineren Teil seiner Energie bindet. Besetzt er einen größeren Prozentsatz, also über die Hälfte, wird der Heranwachsende viel innere Arbeit leisten müssen, um seinen Energiehaushalt in konstruktive Verfassung zu bringen. Auf jeden Fall wird der junge Mann nur durch Ehrlichkeit gegen sich selbst und klares Bewußtsein seine Energien unter bewußte Kontrolle bringen können, so daß er nicht ständig Krieg mit sich selbst führen muß.

Ich erinnere mich an ein Ereignis aus meinem Leben, das diese Art Ehrlichkeit auslöste und mich zwang, mir gewisse Fragen zu stellen, die mir dann unmittelbar Klarheit über die einzuschlagende Richtung brachten. Ich war den Ergebnissen der Eignungstests und dem Rat meiner Eltern gefolgt und hatte mich an einer Ingenieurschule eingeschrieben. Eines Tages schaute sich ein Professor eine Zeichnung von mir an und zerriß mit einer einzigen Frage die Nebelschleier der Unsicherheit, die in bezug auf meine endgültige Berufswahl noch in mir herrschte. Er fragte: »Interessieren Sie sich für

Technik?« Mein Mutterkomplex hielt einer so differenzierten, direkten Frage nicht stand, und meine beginnende Karriere als Ingenieur verflüchtigte sich unter dieser kalten Dusche auf Nimmerwiedersehen. Ich erinnere mich noch lebhaft, wie ich dann auf einer Betonstufe vor dem Zimmer des Professors saß. Der Drachenkampf, der unmittelbar auf seine Frage folgte, war der Zusammenstoß zwischen gefügigem Gehorsam gegenüber den Autoritäten und dem Gefühl meiner inneren Berufung. Es blieb mir nichts übrig, als diese einfache Frage direkt mit »Nein« zu beantworten, was sofort eine weitere Klärung nach sich zog. Denn als ich einmal deutlich erkannt hatte, welche Gestalt der Mutterkomplex in mir annahm – nämlich das passive Akzeptieren von Autoritäten um der Sicherheit willen –, und was mein eigener Wunsch war, konnte ich auch differenzieren und erkennen, wer ich war und worin meine wahre Berufung bestand. Ein sehr viel reiferer junger Mann als vorher erhob sich nach einer halben Stunde von dieser Betonstufe.

Diese Geschichte hört sich wie die Schilderung eines Konfliktes zwischen einem inneren Teil meines Wesens und der Außenwelt an. Doch der Drachenkampf spielt sich immer zwischen progressiven und regressiven Kräften im eigenen Selbst ab. C.G. Jung pflegte hier auf den Tisch zu klopfen und zu sagen: »Es ist stets eine Frage des *Wer*, niemals eine Frage des *Was*.« Als ich einmal begriffen hatte, wer dieses Ich war, das da seinen Drachenkampf ausfocht, war es relativ leicht für mich, die erforderlichen Maßnahmen zu treffen.

Das heldische Imponiergehabe manches Halbstarken ist nur aus dem Schrecken über den Drachenkampf geboren, der ihm bevorsteht. Wenn er denkt, dieser Kampf findet »da draußen« statt, wird er die lächerlichsten Verrenkungen machen, um ihn »da draußen« zu bestehen. Aber er muß ihn erst »drinnen« bestehen, bevor er »draußen« die leiseste Chance hat. Die meisten Jugendlichen satteln ihre Seelenpferde, machen einen kühnen Ausritt nach »draußen«, verlieren den

Kampf (weil sie den Drachen im Innern nicht besiegt haben), und dann kommt der furchtbare Augenblick der Wahrheit, wo die Waage zwischen Leben und Tod unentschlossen hin- und herschwankt. Der Mutterkomplex ist die Todestendenz im Leben. Hier spielt sich der wahre Drachenkampf ab, und hier, auf dieser Ebene, stellt so mancher Jugendlicher die Weichen für Erfolg und Mißerfolg in der ersten Lebenshälfte. Er glaubt, er könne durch große Leistungen »da draußen« Mann werden, doch der wirkliche Drachenkampf ist eine ausschließlich innere Auseinandersetzung. Ist dieser innere Kampf gewonnen, wird der junge Mann auch draußen etwas leisten, kann er es der Welt »zeigen« und beweisen, was in ihm steckt. Doch keine noch so große Leistung »draußen« wird den inneren Drachenkampf beenden. Es gibt viele Männer jeden Alters, die Großes geleistet und große Reichtümer ge- sammelt haben, und trotzdem immer noch vom inneren Dra- chen, dem Mutterkomplex, verwundbar sind.

Ernest Hemingway trug viele äußere Kämpfe aus – Stier- kämpfe in Spanien, Abenteuer im Krieg und zur See –, die sich in schöner Literatur niedergeschlagen haben. Niemals aber besiegte er den inneren Drachen, und als seine Jugend verblüht war und seine Kräfte sich in äußeren Kämpfen er- schöpft hatten, ergab er sich dem Mutterkomplex und beging Selbstmord. Es ist ein sicheres Indiz für einen unaufgelösten Mutterkomplex, wenn ein Jugendlicher sein Imponiergehabe über die Zwanzig hinaus fortsetzt. Und es ist ein schlechtes Zeichen für die amerikanische Männerwelt, daß die Fiktion des männlichen Helden auch bei Männern so beliebt ist, die längst über das Alter hinausgewachsen sein müßten, in dem der innere Drachen erschlagen worden sein sollte. Viel zu viele moderne Männer machen viel Aufhebens von äußerer Männlichkeit und verlieren dabei unvermerkt ihren inneren Drachenkampf durch Schwäche. Tonnen von Sportausrü- stungen und ganze Flotten schneller Autos werden verkauft, um das Bild des männlichen Helden aufzupolieren. Aber das ist alles nur schlechter Ersatz für den wunderbar schrecklichen Moment, wo ein junger Mann seinen Drachen erschlägt und sich von der Sehnsucht befreit, in kindliche Abhängigkeit zurückzuflüchten und sich bemuttern zu lassen. Eine offene Antwort auf eine direkte Frage und ein mutiger Entschluß tragen mehr zum Sieg über den Mutterkomplex bei als all der käufliche Firnis auf dem Bild des männlichen Helden. Doch was soll man mit einer Gesellschaft anfangen, die den Cowboy zum höchsten Symbol der Männlichkeit erhebt? Die eine Hälfte dieses Wortes (cow = Kuh) ist Femininum, die andere Hälfte (boy) unreif. Warum nicht »Stiermann« statt »Kuhjunge«?

Ein besonders sprechendes Beispiel für den Mutterkomplex findet sich im Gralsmythos, dem großen Lehrbuch des Westens über die Entwicklung vom Kind zum Mann. Parzifal, der Held der Geschichte, der später des Grals ansichtig wird (den Gral werden wir später als großes Symbol für den Mutterarchetypus besprechen), beginnt als vaterlose Waise. Seine Mutter ist entschlossen, ihn vor einem sinnlosen Rittertum zu bewahren, dem schon ihr Ehemann und andere Söhne zum Opfer gefallen sind.

Als Parzifal verkündet, er wolle in die Welt hinausziehen und Ritter wie sein Vater werden, näht sie ihm ein Narrenkleid aus einem einzigen Stück Tuch. Dieses Narrenkleid ist Parzifals Mutterkomplex in symbolischer, mythischer Form. Jeder junge Mann zieht in die Welt hinaus, umhüllt von seinem Mutterkomplex, der ihn besiegen wird, solange seine Beziehung zur Welt nur darin aufgeht. Der Komplex hat wenig mit seiner wirklichen Mutter zu tun (obwohl eine Mutter aus Fleisch und Blut den Keim zur künftigen Niederlage in ihren Sohn legen kann, wenn sie ihre Besitzansprüche nicht aufgeben will. Sie kann ihm aber auch die Freiheit und den Mut vermitteln, ein Mann zu werden). Bezieht der Sohn seine Einstellung zur Welt aus diesem schützenden Gewand, flüchtet er sich in den Mutterkomplex und entfremdet sich seiner

Männlichkeit. Kein noch so großer Aufwand an Heldentum oder auch Intelligenz kann einen Mann aus einem Jugendlichen machen, der sich ins Narrengewand seines Mutterkomplexes kleidet.

Allein schon das Bewußtsein, daß er den im Mutterkomplex angelegten geheimen Wunsch nach Niederlagen in sich trägt, schützt einen Mann vor dem äußeren Drachenkampf. Erkennt er aber dieses Stück weiblichen Erbteils in seinem Wesen nicht, ist er im Circulus vitiosus seiner Heldenpose und der nie endenden Notwendigkeit, den eigenen Wert zu demonstrieren, gefangen. Männlichkeit »da draußen« ist nicht schwer zu erringen, wenn jemand den inneren Drachenkampf bestanden hat. Dieser furchtbare innere Kampf aber ist etwas völlig Weibliches und ein wirklich vertrackter Konflikt für einen Mann. Ihn ins Auge zu fassen, ist schon der Beginn der Freiheit.

Wenn ein Mann in düstere Stimmung gerät, hat er das meist seinem Mutterkomplex zu verdanken, der in ihm virulent wird. Es ist sonderbar, daß ein großer, starker Mann, fähig, auf jedem äußeren Schlachtfeld den Platz zu behaupten, sich so leicht von einer bloßen Stimmung unterkriegen läßt. Es gibt die Erzählung von einem großen Helden, Tristan, der einen das Land verwüstenden Drachen bekämpfte und tötete. Ein anderer Mann, ein falscher Held (einer, der seinen Mutterkomplex durch Tricks und Imponiergehabe aufzulösen versuchte), schneidet dem Drachen die Zunge heraus und nimmt sie als Beweisstück mit, daß er die Heldentat vollbracht hat. Aber aus der Drachenzunge, die er in die Tasche gesteckt hat, tröpfelt Gift. Es verwundet den Usurpator so schwer, daß er die Macht verliert, die er gewonnen zu haben vorgibt. Sich in der Nähe eines Drachens aufzuhalten, bringt die Gefahr mit sich, vergiftet zu werden. Das Gift greift den Mann an einer sehr verwundbaren Stelle an – seiner psychischen Verfassung. Auf diese sonderbare, heimtückische, für einen Mann so befremdliche Weise macht sich der Mutterkomplex geltend. Mit einem weiblichen Element zu kämpfen, ist wie der Kampf mit einer Nebelbank. Grobe Männlichkeit richtet hier überhaupt nichts aus. Klare Bewußtheit ist das Mittel, das zum Ziel führt.

Ich erinnere mich an eine mitternächtliche Busfahrt vom Flughafen zu meiner Wohnung. Wir waren zu sechst im Bus. Einer besaß einen Cadillac, einer einen Jaguar, ein anderer einen Mercedes, ein vierter einen BMW. Ich schwitzte vor Aufregung. Was passierte, wenn man mich fragte, welchen Wagen ich führe? Die Wahrheit einzugestehen war mehr, als mein männlicher Stolz ertrug. Ich dachte daran, ihnen einfach ins Gesicht zu lügen, doch plötzlich platzte ich heraus: »Ich fahre einen bezahlten VW!« Hinter meinem Minderwertigkeitsgefühl steckte mein Mutterkomplex, und ich hatte Angst, wie ich in den Augen meiner Altersgenossen dastehen würde. Man wird einwenden, ich fühlte mich wegen der Kollision äußerer Werte so unbehaglich, wegen des Gegensatzes zwischen den teuren Wägen und meinem so unansehnlichen. Aber in Wirklichkeit entstand meine Panik aus der Befürchtung, daß der Mutterkomplex den verzweifelten Kampf in meiner Psyche gewinnen könnte.

Der Drang eines jungen Mannes nach gefährlichen Abenteuern ist eine leicht durchschaubare Verkleidung seines Mutterkomplexes. Daß er riskiert, mit dem Motorrad an einen Baum zu fahren oder von einer Felswand abzustürzen, zeigt nur, daß sein Mutterkomplex unter der Maske von Männlichkeit und Stärke am Werk ist. Der Wunsch, zu versagen oder zu sterben, ist in einem Mann mit Mutterkomplex dermaßen stark, daß er sich diesen regressiven Erfahrungen möglichst oft aussetzen muß, um sie dann doch im Kampf zu besiegen.

Der Drachenkampf hinterläßt stets eine Narbe, die den Mann lebenslang daran erinnert, daß er den wichtigsten Kampf seines Lebens, den Kampf zwischen Leben und Tod, um ein Haar verloren hätte. Jeder Mann trägt vorne an seinem

Penis ein Mal als Erinnerung an seinen Zustand als Embryo, als er noch kein männliches Wesen war. Seine Genitalien, die in dieser Entwicklungsphase den weiblichen weitgehend glichen, hatten sich noch nicht in ein männliches Organ ausdifferenziert. Die Männlichkeit prägt sich beim Embryo erst einige Zeit nach der Empfängnis und im psychischen Leben erst einige Zeit nach der physischen Reife aus. Dieses Mal erinnert auch daran, daß der Kampf niemals endgültig gewonnen ist und der lähmende Einfluß des Mutterkomplexes einen Mann zeitlebens bedrohen kann. Der Klarheit halber sprechen die Erzählungen von nur einem Entscheidungskampf. Aber in Wirklichkeit ist es ein Kampf, der viele Male wiederholt werden muß.

Selbstmord ist die schließliche Kapitulation vor dem Mutterkomplex. Wenn sich jemand selbst umbringt, ergibt er sich der großen regressiven Kraft des Mutterkomplexes. Die Mutter gewinnt den Kampf, der Tod trägt den Sieg davon.

Es ist nichts Ungewöhnliches, daß ein Mann seinen Mutterkomplex auf eine unpersönliche Institution projiziert. Die Universität, die Kirche, der Club, der Verein sind häufig »Plätze« für den Mutterkomplex der Männer. Man kann diese Institutionen als Regressionsasyle benutzen, in die man vor dem Leben flieht. So mancher junge Mann bedient sich der Universität als Aufbewahrungsort seines Mutterkomplexes, wird zum ewigen Studenten und verharrt in ewiger Jugend. Dafür sind nicht die Institutionen selbst verantwortlich, sondern die Einstellung des Mannes zu ihnen. In einer Institution Zuflucht zu suchen, ist nur eine der vielen Verkleidungen des Wunsches, dem Leben zu entfliehen. Dieselbe Institution kann zum legitimen Partner des Mannes werden, wenn er sich den Mutterkomplex als Fluchtweg abgeschnitten hat.

Interessant ist die Frage, auf wie unterschiedliche Weise der Mutterkomplex den westlichen und den östlichen Menschen beansprucht und wie er im Westen bzw. Osten aufgelöst wird.

Ein Grundgesetz des Lebens lautet, daß uns das Unbewußte immer das Gesicht zeigt, das wir ihm selbst zuwenden. Wenn uns die Innenwelt feindselig oder als Drache erscheint, liegt das nur daran, daß wir sie angegriffen haben. Der westliche Weg verlangt, daß wir uns im Leben heldenhaft bewähren und große Hindernisse überwinden, um den Schatz und die schöne Jungfrau zu gewinnen. Diese heldenhafte Attitüde ruft im Unbewußten die Opposition dessen auf, was wir den Mutterkomplex nennen. Trachten wir danach, der Innenwelt den Schatz mit Gewalt zu entreißen, wird diese Innenwelt heftig Widerstand leisten. Sie wird uns besiegen, und damit ist der Kampf zwischen Held und Mutterkomplex entschieden. Die Vorschrift des Westens ist, mit aller Macht zu kämpfen, den Drachen zu töten und den Schatz und die Jungfrau in Besitz zu nehmen.

Der Osten lehrt eine davon sehr verschiedene Haltung. In der Psychologie des Ostens lernt der Mensch, der sich in einem Antagonismus vorfindet, die Ursache des Konfliktes durch Meditation, Distanzierung und Ruhe zu beseitigen und dadurch den Widerstand aufzulösen. Sobald die antagonistischen Kräfte schwinden, hört der Kampf auf. Der Osten hat dieses Aufhören des Antagonismus als das »Göttliche Nichts«, die »Große Leere«, die »Stille«, das »Schöpferische Nichts«, »Nirwana« beschrieben, als den Ruhepunkt.

Indem wir unsere Heldenmythen und Lebenseinstellungen mit denen des Ostens vergleichen, läßt sich die beste Einsicht ins Wesen westlicher Psychologie gewinnen.[1] Damit soll nicht gesagt sein, daß der eine Weg besser als der andere ist, und man sollte es sich gründlich überlegen, bevor man einen östlichen Weg einschlägt, da die Struktur unseres Unbewußten für den Pfad der Widerstandslosigkeit wohl kaum

---

1 Was den Vergleich zwischen westlichen und östlichen Mythen betrifft, siehe mein Buch »*Feminity Lost and Regained*«, New York, Harper Collins 1990.

geeignet ist. Aber der Gegensatz ist in jeder Hinsicht instruktiv.

Ich erinnere mich an einen lebhaften Kommentar von Richard Morris Bucke[1] zum Gegensatz zwischen dem von vielen Falten und Furchen durchzogenen Gesicht Walt Whitmans, eines typischen Helden des Westens, und dem zeitlos kindlichen, heiteren und faltenlosen Gesicht eines Hinduweisen. Bucke gesteht, das vom Leben gezeichnete Gesicht des Mannes, der den heroischen Weg gegangen ist, sei ihm lieber.

Ich halte beide Wege, den östlichen und den westlichen, für ehrenhaft. Aber beide erfordern, daß der Wanderer weiß, was er tut und sich des Pfades, den er eingeschlagen hat, sehr bewußt ist.

Doch sogar der Mutterkomplex hat seine Berechtigung, mag er im Leben eines jungen Mannes auch noch so dunkle Spuren hinterlassen. Es ist ja schließlich die Mutter, die ihn mit dem Tod aussöhnt und in den ewigen Frieden geleitet. Das ist ihre kreative Seite. Fällt ein Mann dieser Tendenz zu früh zum Opfer, umarmt er den Tod statt des Lebens, und es stehen ihm schwere Zeiten bevor. Doch wenn der Mutterkomplex im richtigen Augenblick wirksam wird, führt er den Mann zum Kulminationspunkt – und zum Ende – seines Lebens. Ein alter Mythos stellt das menschliche Leben als Sonnengott dar, der jeden Tag seine Spur über den Himmel zieht. Er widersteht der Anziehungskraft der Erde und der Verführung des Ozeans und bahnt sich männlich seinen Weg durch den lebenspendenden Sonnentag. Doch abends verliert er seine Kraft und versinkt in der Erde oder dem Meer der Mutter. In dem Moment, wo sie den Sonnengott in Besitz nehmen will, tritt sein Phallus in Aktion, begattet sie und stellt so seine Wiedergeburt am nächsten Morgen bei Sonnenaufgang sicher.

---

1 Richard Morris Bucke, »*Kosmisches Bewußtsein*«, Insel TB 1498.

Jedermann, der an der Küste des westlichen Ozeans lebt, kann beobachten, wie der Sonnengott sein Glied aktiviert, wenn vor Sonnenuntergang aufgrund der unterschiedlich dichten Luftschichten die Sonne phantastische kurze Auswüchse hervortreibt.

Auf ägyptischen Sarkophagen sieht man häufig, wie unten der Leib der Großen Mutter aufgemalt ist, während sich ihre beiden Arme an der Unterseite des Deckels befinden. In den Sarg gelegt zu werden, bedeutet, den umfangenden Armen der Mutter zurückgegeben zu werden.

Am Höhepunkt seiner Lebensreise wird Faust von Mephistopheles, seinem Schatten, angewiesen, sich an den Ort der Mütter zu begeben und mit seinem Schlüssel den Dreifuß zu berühren, auf den er dort stoßen wird. Damit kulminiert Fausts Reise, und an diese Stelle gehört berechtigterweise der Mutterkomplex, den wir in so dunklen Farben beschrieben haben[1]. Wenn ein Mann den Drachenkampf in seinem Leben ausgefochten und sich die Stärke seiner Mannheit errungen hat – welch langer Kampf ist das! –, ist er auch in der Lage, die gefährliche Fahrt zurück zum Ort der Mütter anzutreten und Verbindung zu ihnen aufzunehmen. Das ist nur einer begabten Persönlichkeit möglich und auch nur, wenn sie genügend männliche Kraft und Klarheit entwickelt hat, um diese riskante Reise unbeschadet zu überstehen. Es ist ein Stoff für geniale, nicht für gewöhnliche Menschen.

Ich finde es sehr tröstlich, daß jedes Element der Psyche am richtigen Ort seine ihm gemäße Aufgabe hat. Nur die falsche Plazierung eines Elementes erzeugt Irrtum und Böses. Auch der Mutterkomplex ist konstruktiv, sofern er sich am richtigen Platz befindet.

---

1 Siehe mein Buch »*Transformation: Understanding the Three Levels of Masculine Consciousness*«, wo dieser Aspekt des Mutterkomplexes ausführlicher behandelt wird.

Der Mutterarchetypus

Mit einer gewissen Erleichterung verlassen wir die dunklen Bezirke des Mutterkomplexes und treten in die erhabenen Bereiche des Mutterarchetypus ein. Während der Mutterkomplex für einen jungen Mann so überaus gefährlich ist, ist der Mutterarchetypus reines Gold für ihn. Hier ist die Sphäre der Mutter Natur, des Lebens, der Nahrung, der Hilfe, der Kraft. Der Mutterarchetypus umgibt uns fortwährend und überall. Er ist die Luft, die wir atmen, das Wasser, das gesamte Universum, das uns Leben schenkt. Ohne den Mutterarchetypus würden wir nicht eine Sekunde leben können. Es ist die Welt des Mütterlichen in ihrer göttlichen Essenz – verläßlich, nährend, gütig. Man kann ohne Übertreibung sagen, daß der Mutterarchetypus die weibliche Hälfte Gottes ist.

Wahrscheinlich sind aber die beiden Manifestationen der Mutter – Komplex und Archetypus – im Grunde dasselbe Wesen, unterschieden nur nach der Art unserer Beziehung zu ihr. Ist ein Mann schwach und verfällt jener schrecklichen Regression, die sein tödlichster Feind ist, so zeigt ihm das Mutterprinzip die zerstörerische Seite. Nähert er sich ihm hingegen männlich kraftvoll und erweist sich ihm als ebenbürtig, so tritt das Mutterprinzip als Welt der Lebenskräfte auf und ist die spezifisch weibliche Eigenschaft des Lebens und der Dauer.

Die Aufgabe jedes Jugendlichen läßt sich sehr einfach umschreiben: Es ist die Umwandlung des Mutterkomplexes in den Mutterarchetypus. Um das zu erreichen, muß der junge Mann seine regressiven Tendenzen und sein Selbstmitleid durch gewachsene Selbstsicherheit und auf Leistung beruhende Kraft ersetzen. Ein vom Mutterarchetyp unterstützter Mann kann auf die Hilfe wunderbarer Kräfte und Mächte zählen.

Um auf die Parzifalgeschichte und Parzifals Narrenkleid zurückzukommen: Es ist deutlich zu erkennen, wie er in seinem Verhältnis zum Heiligen Gral an Reife zunimmt, sobald er seinen Mutterkomplex abwirft und die Macht gewinnt, sich in die richtige Beziehung zum Gral, dem Ursymbol des Mutterarchetypus, zu setzen. Die Gralsgeschichte erzählt, wie Parzifal als Heranwachsender blind ins Gralsschloß hineinstolpert und die Frage nicht stellt, die ihm zu jedem gewünschten Zeitpunkt Zugang zum Schloß gewährt haben würde. Behindert von seinem Narrengewand (dem Mutterkomplex), bringt er diese Frage nicht über die Lippen. Er besitzt nicht die Kraft, die Gralserfahrung bewußt zu machen. Es kostet ihn 20 Jahre seines Lebens, sich des Narrenkleides zu entledigen, um dann, als sich ihm eine neue Chance bietet, den Gral in der heiligen Prozession zu sehen, die richtige Frage zu stellen und bewußten Zugang zu ihm zu gewinnen. Das ist die mythologische Schilderung eines jungen Mannes, der seinen Mutterkomplex in den Mutterarchetypus überführt. Kaum etwas anderes im Leben eines Mannes hat derart positive Folgen.

Ein Großteil der Erfahrungen des Mannes im mittleren Lebensdrittel ist dazu da, ihm genügend Bewußtsein und Einsicht zu vermitteln, so daß er fähig wird, den Übergang vom Narrenkleid der Mutter zur reifen Ritterschaft zu vollbringen. Parzifal mußte seine Pflichten als Ritter erfüllen, Drachen bekämpfen, Jungfrauen retten, eine Burg belagern – all die Dinge, die das Erwachsensein vom Menschen fordert. Modern ausgedrückt: Ein Mann muß »reifen« und über das »Ich, Mich und Mein« hinausgelangen.[1] Ein junger Mann muß den Weg vom Mutterkomplex zum Mutterarchetypus zurücklegen, ehe er in der Lage ist, die Arbeit eines Mannes zu verrichten, seinen Platz in der Erwachsenenwelt einzunehmen und reife Beziehungen einzugehen. Jedes Versäumnis auf diesem Weg ist wie ein Sprung in der Rüstung, der ihn verwundbar macht.

---

1 Für eine ausführlichere Beschreibung dieses Prozesses siehe mein Buch »He«.

Die Schwester

Ist ein Mann dabei, seinen Mutterkomplex mit allen dazuge-
hörigen Drachenkämpfen zu besiegen, und hat vielleicht auch
schon ein wenig von dem majestätischen Mutterarchetypus
gekostet, kann er damit beginnen, die »reale« Welt, wie wir sie
in unserer Arroganz zu nennen pflegen, etwas näher ins Auge
zu fassen.

Die erste weibliche Gestalt, die er wirklich erkennt – abge-
sehen von seiner Mutter, welche ihm aber wahrscheinlich so
verschwommen erscheint, daß sie eher ein Mythos als eine
Tatsache ist –, ist seine Schwester. Sie verkörpert für ihn die
»Realität« in ihrem weiblichen Aspekt und ist sein erster
Kontakt mit einem verstehbaren weiblichen Wesen aus
Fleisch und Blut. Sie ist Gefährtin, Freundin, Rätsel, Ver-
traute, Verbündete, Konkurrentin und führt ihn in die Myste-
rien des Weiblichen ein. Und da sie das erste seinem Alter
nahestehende weibliche Wesen ist, das er kennenlernt, wird
seine spätere Einstellung zu Frauen weitgehend durch ihr
Beispiel bestimmt.

Die Schwester vermittelt eine wundervolle Welt der Geborgenheit und ist das Tor zu dem geheimnisvollen Reich, das
die Aufmerksamkeit des jungen Mannes bald so gebieterisch
beanspruchen wird. Zuneigung und Umkompliziertheit sind
die großen Vorzüge dieser Beziehung.

Häufig ist die Schwester für einen Mann die Vorläuferin
der Anima. Sie stärkt ihn und bereitet ihn auf die schillernde
Welt der Anima vor, die in kurzem in sein Leben treten wird.
Wer ein positives Schwesterbild im Hintergrund des Lebens
besitzt, bringt gute Voraussetzungen für die unergründliche
Welt der Werbung ums andere Geschlecht und der Heirat
mit, die nun auf ihn zukommt. Die Schwester ist, so könnte
man sagen, ein »Probelauf« für die große Erweiterung der
Lebensbühne in der Phase der Werbung um das andere
Geschlecht.

Ich erinnere mich an einen jungen Mann, schwer verletzt an manchen Teilen seiner weiblichen Seite. Er träumte, er müsse zuerst seine Schwester treffen, bevor er sich auf das »Mädchen mit den glänzenden Augen« einlassen könne, das seine Rettung sein würde.[1] Der Traum schilderte die Begegnung mit der Schwester als ersten Kontakt mit einer numinosen Welt der Genesung, die von einem schweren Mutterkomplex fast zerstört worden war.

Die Schwester trat nur für einen kurzen Augenblick in Erscheinung, bildete aber die Brücke zwischen Mutter und Anima, welche für einen jungen Mann lebenswichtig ist. So mancher Mann verdankt seiner Schwester diese Entwicklung in den Jahren der Jugend.

Im Abschnitt über die Anima wird noch deutlicher werden, daß die Schwester den Eintritt in die geheimnisvolle Welt des Weiblichen bedeutet, die so viel Gewalt über einen Mann gewinnen kann. C.G. Jung definiert die Anima als das Intermediär zwischen der bewußten Persönlichkeit des Mannes und den Tiefen seines Wesens, des kollektiven Unbewußten. Das hat ungeheuer viel mit dem Glück des Mannes und seinem Sinn für Wert und Würde auf dieser Erde zu tun. Seine Schwester gibt ihm zwar nur das Geleit in diese magische Welt, hat aber großen Einfluß auf seine Einstellung zu ihr.

Diese Einführung des Mannes in das magische Reich des Weiblichen geschieht, bevor die volle Kraft der Sexualität und des Erwachsenseins darin wirksam wird. Ohne eine Schwester oder mit einer negativen Schwesterfigur mißglückt das Entree des Mannes in diese Welt zumeist. Ich muß hier an einen Mann schon in gereifteren Jahren denken, der seine ältere Schwester, als sie sich nicht sehr würdevoll verhielt, verteidigte. Er sagte: »Ja, aber man darf nicht vergessen – sie

---

1 In meinem Buch »Bilder der Seele«, Hugendubel, München 1995

war es, die mir den ersten Anzug kaufte [in den Jahren der Depression] und mir beibrachte, meinen Mann zu stehen und an mich selbst zu glauben.« So etwas ist wirklich ein wertvolles Vermächtnis der Schwester an einen Mann und ein guter Start ins Leben.

Die Schwester wirkt sehr häufig als positive Kraft. Nur wenn das Schwesterbild durch einen anderen Aspekt des Weiblichen irgendwie verdorben wird, kann es dunkle und zerstörerische Kräfte entwickeln.

Wir haben in unserer Kultur die Tendenz, das Schwesterbild mit einem einfachen Leben zu assoziieren, einer Art Paradies, einer heilen Welt. Doch die Betrachtung des Schwesterbildes in anderen Kulturen ergibt, daß es auch überraschend stark und tief sein kann.

Im alten Ägypten war Inzest nachdrücklich und bei schwerer Strafe verboten. Das gilt auch für die meisten anderen Kulturen. Ein Mann war ohne weiteren Prozeß und Diskussion des Todes, wenn man ihn bei einer inzestuösen Beziehung ertappte. Doch der Pharao selbst war verpflichtet, seine eigene Schwester zu heiraten. Keine andere Frau kam für ihn in Frage.[1] Dies nur als Hinweis darauf, daß die Bruder-Schwester-Beziehung auch in unserer Gesellschaft unerforschte Tiefen enthalten könnte.

In der griechischen Mythologie gibt es die Erzählung von Mausolos und Artemisia, Bruder und Schwester, die nach dem Tod ihres Vaters Hekatomnos sein Königreich erbten. Sie heirateten, regierten das Reich gemeinsam, und ein Goldenes Zeitalter des Friedens und der Schönheit zog herauf. Als Mausolos starb, errichtete seine Schwester ein Grabmal für ihn, das als fünftes der Sieben Weltwunder der Antike galt, das Mausoleum in Halikarnassos. Unser Wort »Mausoleum«

---

1 In meinem Buch »*Feminity Lost and Regained*« befasse ich mich mit diesem schwierigen Thema.

stammt von diesem Mausolos. Die Geschichte berichtet also von einer Bruder-Schwester-Beziehung, wie sie in unserer Kultur nicht sehr häufig ist. Sie ist durch besondere Intimität charakterisiert.

Der heilige Augustinus warnte vor Heiraten zwischen Bruder und Schwester, weil die Liebe zwischen den beiden größer werden könnte, als ein Mensch ertragen kann.[1]

Die Bruder-Schwester-Beziehung besitzt also unausgelotete Tiefen, obwohl das in unserer Zeit meist ignoriert wird. Man braucht nur das ungewöhnliche Buch Nietzsches »Meine Schwester und ich« zu lesen (es wird behauptet, daß es aus der Anstalt, in der Nietzsche die letzten Jahre seines Lebens untergebracht war, herausgeschmuggelt worden sei), um zu erkennen, welche Wirkung ein Schwesterbild auf einen sensiblen Mann auszuüben vermag.[2] Das Geheimnis der Beziehung zwischen einem jungen Mann und der Frau erblicken wir in unserer Gesellschaft vor allem in dem Verhältnis zwischen dem Mann und seiner Anima. In aller Regel lassen wir die archetypische Tiefe der Bruder-Schwester-Beziehung außer acht.

---

1 Diese Information über griechische Mythologie und den heiligen Augustinus verdanke ich Betty Smith.

2 Friedrich Nietzsche, »*My Sister and I*«, New York, Amok 1990. (Anm. d. Ü.: Dieses Buch dürfte eine Fälschung sein!)

Die Anima

Die Anima ist nun wirklich die eigentliche Welt der Magie und Mystik. Obgleich das Glück eines Mannes und sein Sinn für Werte so entscheidend von ihr abhängen, bleibt sie ihm doch ein großes Rätsel. Sie entzückt, verwirrt und quält ihn, und doch versteht er sich so wenig auf diese Zauberin seiner Innenwelt.

Bei diesem unerschöpflichen Thema beginnt man am besten mit C.G. Jungs Definition der »Anima«. Denn er war es, der sie für unser Zeitalter wiederentdeckte und ihr den Namen gab. Die Bezeichnung »Anima« wählte er, weil es ihr Hauptmerkmal ist, daß sie »animiert« und Leben gibt. Man hat sie schon »la femme inspiratrice«, Muse, Stimme der Poesie, Führerin, Psychopompos genannt. Sie trug den Namen Helena (die in der alten griechischen Sage tausend Schiffe in Bewegung setzte), Beatrice (von Dante in der »Göttlichen Komödie« unsterblich gemacht), Candide und viele andere Namen, die sich dem Herzen der Männer eingeprägt und ihre junge Seele zum Leben erweckt haben. Alles Edle und Beseelende scheint ihrem gütigen Herzen zu entströmen. Sie trägt die Seele des Mannes und ist die Herrin seiner Innenwelt. C.G. Jung nennt sie das Intermediär zwischen der bewußten Persönlichkeit eines Mannes und den Tiefen seines Wesens, dem kollektiven Unbewußten. Sie ist die Königin aller Psychopompoi, jener Mittler zwischen uns und dem Mysterium in den Tiefen unseres Wesens. Sie ist die inspirierende Quelle, die Muse der Dichtkunst, die Führerin durch die Unterwelt, die Erzeugerin herzhaften Mutes und, was wahrscheinlich ihre bedeutendste Funktion ist, die Überträgerin der Sinngehalte. Sie ist es nämlich, die mit ihren magischen Verbindungen zur Innenwelt dem Leben eines Mannes erst Wert und Sinn verleiht. In ihrer Gegenwart – und diese kann sich in den Tiefen der Innenwelt des Mannes oder in Gestalt einer wirklichen Frau, die er mit der Macht der

Anima ausstattet, ausdrücken – genügt der leiseste zustimmende Wink oder der unscheinbarste Talisman aus ihrer Hand, um dem Leben des Mannes Sinn und Rechtfertigung zu geben.

Plato gibt eine schöne Beschreibung von der Suche des Mannes nach seiner anderen Hälfte, der Anima. Er erzählt, der ursprüngliche Mensch sei rund wie eine Kugel gewesen und habe die männliche und weibliche Seite zugleich enthalten. Diese runde Einheit spaltet sich, wenn sie inkarniert, in zwei Hälften, und jede Hälfte – ein vollständiges weibliches oder männliches Wesen, das irgendwie spürt, daß es doch unvollständig ist und der ursprünglichen Kugelgestalt ermangelt – sucht immerfort nach der verlorenen anderen Hälfte. In ihrer äußeren Form manifestiert sich diese Suche darin, daß der Mensch so viel Zeit und Energie investiert, um den perfekten Partner und Seelenfreund zu finden. In ihrer inneren Form ist es der noch weit diffusere und vage Zustand einer nagenden Unzufriedenheit und Sehnsucht nach Sinngebung. Unglaublich viel Lebensenergie steckt der Mensch in diese beiden Kanäle, und ein Großteil des Wertes und der Bedeutung seines Lebens liegt in dieser Dimension. Wer sich dieser Suche bewußt wird, ist dem Geheimnis des Lebens schon auf der Spur.

Frauen und Männer machen dabei sehr unterschiedliche Erfahrungen, und was wir als »männlichen« und »weiblichen« Charakter bezeichnen, bezieht seine Eigenschaften weitgehend aus diesen Sachverhalten. Die Bewußtheit ist entscheidend für die Frage, ob und wie einer seinen Weg durch das Labyrinth der Jugend mit ihrer Werbung um das andere Geschlecht und später seiner Sinnsuche findet. Männlich und weiblich sind nur zwei Seiten desselben Hungers nach Vollständigkeit, nach ekstatischer religiöser Erfahrung und Ganzheit.

Der Hunger eines Mannes nach dieser numinosen Erfahrung des Weiblichen, das die Ergänzung zum einseitig Männlichen bildet, zieht ihn unwiderstehlich ins Reich des Sanften, Warmen und Freundlichen, das seine Neugier so sehr reizt und ihm solche Rätsel aufgibt. Mehr als nach allem anderen hungert der Mann nach Bestätigung seiner männlichen Voraussetzungen. Nur ein weiblicher Wert verschafft ihm diese Bestätigung. Und nichts ist süßer für einen Mann, als dieses Geschenk des Sinnes, der Bestätigung dessen, war er ist und tut, zu empfangen. Um dieser Vollständigkeit willen durchforscht er das Reich des Weiblichen nach allen Richtungen, sei es ausgehend von seiner wirklichen Frau aus Fleisch und Blut, sei es von seiner inneren weiblichen Seite. Die großen Mythen erzählen, wie ein Mann seine Abenteuer und Heldentaten und Pilgerfahrten besteht – nur um die Anerkennung seiner schönen Herrin oder eine Zaubergabe aus ihrer Hand zu erhalten. Oft tut die schöne Herrin nichts anderes, als daß sie in ihrem Schloß wartet, während der Held seine Taten vollbringt und sein Leben im Kampf für sie oder ein von ihr verkörpertes erhabenes Prinzip aufs Spiel setzt. Nähme man so etwas wörtlich, würde die Frau in der Welt nur eine recht armselige Rolle spielen. Aber von innen betrachtet, wie es hier angebracht ist, beziehen sich diese Schilderungen auf die weibliche Innenseite des Mannes, der nach inneren Werten streben und diese Hälfte seiner Wirklichkeit verteidigen muß.

Männer und Frauen suchen nach solchen Erfahrungen im jeweils anderen Geschlecht. Er verlangt Bestätigung, Wärme und Freundlichkeit als Ergänzung für seine kantige, grobschlächtige Männlichkeit. Die Sehnsucht des Mannes nach Verständnis ist einer seiner stärksten Wünsche. Ein bestätigendes Nicken, ein beziehungsreiches Geschenk, ja nur ein Wort – das sind Herz und Seele für ihn und geben seinem Leben Sinn. Unzählige Filme und Romane kreisen nur um den Hunger des Helden nach Anerkennung und Bestätigung durch seine Liebste. Keine Reise ist ihm zu lang, keine Unternehmung zu gefährlich, um diese brennende Sehnsucht zu stillen. Vieles an der männlichen Rauheit sind nur unbeholfene Versuche, sich diese Bestätigung zu verschaffen. Und wie verletzlich ist ein Mann gegenüber der bedrohlichen Aussicht, diese Bestätigung einmal zu verlieren! Eine beiläufige Bemerkung seiner Herrin, und schon hat sich Triumph in Niederlage verwandelt. Eine Frau kennt diesen im Mann wirkenden Mechanismus meist nur sehr wenig und weiß kaum, welche Macht über ihn sie besitzt.

Die innere Anima eines Mannes gehorcht denselben Gesetzen, aber in weit subtilerer Form. In diesem Bereich ist der Mann seinen Stimmungen auf Gnade und Ungnade ausgeliefert – sie sind seine innerliche weibliche Seite –, und die Anerkennung oder das Abschneiden vom Strom des Lebens durch seine innere Frau hat dieselbe Wirkung auf ihn, wie wenn es durch die Anima in ihrer äußeren Form geschieht. Ein Mann in gedrückter Stimmung ist ebenso hilflos wie einer, dessen äußere Welt aufgrund eines schlechten Funktionierens der äußeren Anima-Beziehung zerbrochen ist. Ein von seiner schönen Herrin, ob außen oder innen, verwundeter Mann ist einfach lahmgelegt. Denn sie ist Meisterin über seine Kraft und Stärke. Ein Mann in trauriger Stimmung ist wie eine Sonnenuhr bei Mondschein. Sie zeigt die falsche Zeit an.

Umgekehrt verlangt eine Frau vom Mann ganz andere Dinge. Stabilität, Schutz, Form, Ordnung, Klarheit, Freiheit sind die Bedürfnisse, die ihr der Mann erfüllen soll. Aber wie oft überhört er das, wirft mit großen Plänen und irrealen Visionen nur so um sich und verletzt sie schwer durch diese Verständnislosigkeit. Männer und Frauen sind häufig wie Schiffe, die nachts aneinander vorbeifahren, ohne sich zu sehen und zu erkennen. Diese Nacht der Verständnislosigkeit muß ein Ende haben, wenn unsere Beziehungen die Würde und Freiheit gewinnen sollen, die wir nach den heutigen Idealvorstellungen von ihnen erwarten. Jeder verwundet den Partner vor allem durch das mangelnde Verständnis für seine stummen, verzweifelten Bedürfnisse. Ein offenes Ohr für die seltsamen, ja oft fremdartigen Wünsche des Gefährten zu entwickeln, wäre reiner Balsam für eine problematische Beziehung.

Es gibt eine sehr schöne Geschichte von einem englischen Lord, der seinen Anwalt aufsuchte und sich die außergewöhnliche Gunst einer möglichst stillen, unauffälligen Scheidung erbat. Der Anwalt willigte unter der Bedingung ein, daß Lord und Lady eine Stunde bei einem Eheberater verbrachten. Der Therapeut, in allen Schlichen erfahren, fand heraus, daß sich der Lord in eine 21jährige Zirkusreiterin verliebt hatte und ohne sie nicht mehr leben konnte. Da platzte die Lady mit dem bisher sorgfältig gehüteten Geheimnis heraus, sie habe immer schon Zirkusreiterin werden wollen, aber die strikten Konventionen der englischen Gesellschaft hätten sie in ihrer sozialen Position gezwungen, diesen Wunsch in ihrer langjährigen Ehe endgültig zu begraben. Die Geschichte hatte ein Happy-End. Sie können sich das Gespräch zwischen den beiden selbst ausmalen. Zwei Menschen hatten einander bis zur Verzweiflung ausgehungert und erst im allerletzten Moment wieder eine gemeinsame Sprache gefunden. Man begegnet häufig verheirateten Paaren, die einander in den delikatesten und wichtigsten Fragen des Lebens noch niemals zugehört haben. Und obwohl sich die Sprache von Mann und Frau sehr unterscheidet, ist es möglich, eine gemeinsame Verständigungsbasis zu finden. Wer Ohren hat zu hören...

Es ist übrigens so, daß die Anima für den Mann im Grunde eine rein innerseelische Erfahrung ist. In unserer Gesellschaft projiziert er sie zwar fast unweigerlich auf eine Frau aus Fleisch und Blut, doch ändert das nichts an der Tatsache, daß sie ein Seelenfaktor und ihre Heimat das tiefste Innere des Mannes ist. Die Frau aus Fleisch und Blut hat im Leben des Mannes enorme Macht. Aber die Anima ist mehr, sie ist ein Seelenorgan des Mannes. Wir werden später auf die Verzerrungen und Überlagerungen noch näher eingehen, durch die dem Mann der klare Blick auf dieses eigentliche Wesen seiner

Seele verlorengeht. Die Anima ist dermaßen mächtig, daß es für einen Mann anscheinend unmöglich ist, sie schon im ersten Teil seines Lebens unmittelbar zu erkennen. Es bleibt ihm gar nichts anderes übrig, als sie auf irgendein konkretes Objekt zu projizieren – in der Regel eine wirkliche Frau –, bevor er in der Lage ist, ihre tiefere, religiöse Botschaft zu erfassen. Seine Anima auf eine konkrete Frau zu projizieren, heißt aber, den eigentlichen Lebenssinn nicht zu erkennen, ja, was noch schlimmer ist, der Mann ist dann unfähig, seine Lebensgefährtin rein als Menschen zu sehen. Doch wenn ein Mann von seiner Verlobten oder Frau verlangt, eine Göttin zu sein, legt er den Grund für eine unausweichliche Tragödie. Denn sie wird ihrer Göttinnenrolle nicht gewachsen sein, und er, verblendet von seiner Sehnsucht nach dem göttlich Weiblichen, wird sie eben nicht als den Menschen sehen können, der sie ist.

Es gibt zwei große Schätze im Leben eines Mannes: seine Frau und seine Anima. Beide sind real, doch haben sie die schreckliche Angewohnheit, einander im Licht zu stehen. Es ist absolut erforderlich, daß der Mann zwischen diesen mächtigen Faktoren in seinem Leben unterscheiden lernt, wenn er gute äußere Beziehungen und tragfähige innere Grundlagen besitzen will.

Man kann seine Anima auch in »unbeseelte« Objekte hineinsehen. Die Beseelung dieses Objektes ist dann immer magisch. Ein Beispiel ist der junge Mann, der sein Auto mit fast menschlichen Eigenschaften ausstattet oder einem wertvollen Musikinstrument mystische Qualitäten zuschreibt. Er gibt dem Gegenstand vielleicht sogar den Namen einer Frau. Jedes begehrte Ziel und vergötterte Objekt ist potentieller Träger der Anima. Wie viele Frauen – die für so etwas immer einen besseren Instinkt haben als Männer – müssen machtlos zusehen, wie ihre Männer ein Mysterium und einen Fetisch aus etwas machen, das sie, die Frauen, im Nu durchschauen! Auch der intelligenteste Mann ist der Animaverführung ausgesetzt, während eine Frau sofort Bescheid weiß. Eine Frau ist ihrerseits dem magischen Spiel ihres Animus unterworfen, aber das ist Thema für ein anderes Buch.

Als ob die Anima für sich nicht schon geheimnisvoll genug wäre, betritt sie das Leben eines Mannes meist auch noch in doppelter Gestalt. Diese Tatsache ist so unentrinnbar, daß sie ihre Spuren im Verhalten des Mannes hinterläßt, wo immer die Anima auftaucht. Die beiden Animagestalten verkörpern die helle und dunkle Seite der männlichen Fähigkeit, auf das Weibliche zuzugehen. Die helle Anima ist häufig idealistisch, erhaben, edel, keusch, die dunkle Anima unstet, schranken-los, sinnlich, chaotisch. Die dualistische Natur der Anima offenbart sich z. B. einfach darin, daß die erste Freundin eines Jugendlichen, mit der er das Geheimnis der Anima ergründet, ein blondes, die zweite ein braunhaariges Mädchen sein kann. Sie kann sich auch in der unausweichlichen Tragödie Tristans manifestieren, der unfähig ist, die beiden Isolden in seinem Leben – die eine engelhaft, die andere sehr irdisch – ausein-anderzuhalten.[1] Die doppelte Anima kann großes Leid im Leben eines Mannes verursachen, und unsere moderne Welt ist weit entfernt davon, eine Lösung für dieses Problem zu bieten. Unterschiedliche Kulturen haben unterschiedliche Einstellungen zur doppelten Anima entwickelt. Manche er-lauben dem Mann mehrere Frauen, andere Konkubinen, wieder andere gestehen dem Verheirateten eine Mätresse zu. Unsere offizielle Auffassung ist, daß der Mann einmal heira-ten und sich die anderen Anima-Möglichkeiten diszipliniert versagen sollte. Er darf vielleicht auch mehrere Ehen hinter-einander führen, oder gibt es sonst noch Wege? Die Möglich-keiten scheinen endlos zu sein, aber keine ist wirklich zufrie-denstellend. Investiert einer seine besten Kräfte in die Selbst-beherrschung, wird seine Anima wahrscheinlich verkümmern

---

1 Das Thema wird weiter ausgearbeitet in meinem Buch »We: *Understanding the Psychology of Romantic Love.*«

und sich negativ auswirken, oder sie stirbt und läßt den Mann in den besten Jahren als leblose Hülle zurück. Folgt ein Mann andererseits dem gegenwärtigen Trend und läßt seine Anima in seinem Leben schalten und walten wie ihr beliebt, wird er ziemlich sicher in das Chaos geraten, das so charakteristisch für die heutigen Beziehungen ist. Die Ideallösung wäre, daß man eine Frau mit den Zügen der einen Animaseite heiratet und die andere Seite in Form eines Interesses an Kunst oder irgendwie kreativ im äußeren Leben auslebt. Es ist eine der großen kulturellen Aufgaben unserer Zeit, für dieses Problem der doppelten Anima im Mann eine produktive Lösung zu finden.

Eine afrikanische Geschichte schildert die doppelte Anima besonders treffend. Ein Vater warnt seinen Sohn: Eines Nachts wird die Himmelsfrau kommen und mit dir schlafen wollen. Der Vater beschreibt die verführerische Schönheit der himmlischen Erscheinung ausführlich und erklärt dem Sohn, er werde am Morgen tot daliegen, wenn er auf den Wunsch der Himmelsfrau eingehe. Er macht sich auch zunehmend Sorgen um seinen Sohn (vielleicht hat er selbst die Himmelsfrau in seinem Leben schon kennengelernt!) und zieht in ein anderes Dorf, damit die Himmelsfrau seinen Sohn nicht findet. Doch einmal, als die Eltern ausgegangen sind, kommt die Himmelsfrau des Nachts zu dem Sohn und bittet ihn, sich zu ihm legen zu dürfen. Obwohl gewarnt, ist der Sohn von der Schönheit der Jungfrau so betäubt, daß er einwilligt. Sie darf sich für diese Nacht zu ihm legen. Am Morgen ist der Sohn tot, und die Himmelsfrau rauft sich die Haare, war es doch nie ihre Absicht gewesen, ihm ein Leid zuzufügen. Rasch begibt sie sich zu einem alten Schamanen und bittet um Hilfe. Der Alte kommt, zündet nach einer Weile ein gewaltiges Feuer an und wirft eine Eidechse in die Flammen, da wo sie am heißesten sind. Und er erklärt: Wer den jungen Toten so liebt, daß er für ihn durchs Feuer geht und die Eidechse rettet, wird ihm dadurch das Leben zurückgeben. Die Himmelsfrau versucht es, vergebens. Die Mutter des Jungen versucht es, vergebens. Sein Vater versucht es, vergebens. Das Feuer ist einfach zu heiß. Da schreitet ein einfaches Mädchen aus dem Dorf, das den Jungen liebt, es ihm aber nie gesagt hat, mitten durch die Flammen und holt die Eidechse heraus. Ihre ganz gewöhnliche irdische Liebe gibt ihr die Kraft, den Jungen zu retten. Er erwacht, und wir hätten jetzt gerne, daß die Geschichte hier im Glück endet. Aber es kommt noch ein Nachtrag. Der alte Schamane verkündet dem feiernden Dorf, es müsse noch eine Entscheidung gefällt werden. Er zündet das Feuer wieder an, wirft die Eidechse in die Flammen und sagt dem Jungen, dieser müsse jetzt seine Wahl treffen. Holt er die Eidechse aus dem Feuer – über diese Macht verfügt er inzwischen –, bleibt das einfache Mädchen am Leben, aber seine Mutter wird sterben. Läßt er die Eidechse im Feuer, stirbt das Mädchen, doch die Mutter bleibt am Leben. Die Geschichte berichtet nicht, welche Entscheidung der Junge fällt, überläßt es aber jedem Mann, selbst zu entscheiden, welches Opfer in seinem Leben er bringen möchte.

Das ist eine sehr starke Geschichte, die mit unüberbietbarer Deutlichkeit von der doppelten Anima im Mann erzählt. Die Himmelsfrau ist seine helle Anima, das schlichte Mädchen seine irdisch-menschliche Fähigkeit, Beziehungen aufzunehmen. Die Himmelsfrauerscheinung macht einen jungen Mann untauglich für das normale Leben. Die Rettung liegt nur in seiner irdischen Beziehungsbereitschaft, versinnbildlicht durch das einfache Mädchen. Danach wendet sich die Geschichte der Mutter zu, und der Junge muß zwischen seiner Mutter und seiner irdischen Anima (der Fähigkeit, schöpferisch zu sein) wählen.[1] Entscheidet er sich für die

---

1 Es handelt sich um eine primitive Erzählung aus Afrika, in der die himmlische Anima und der Mutterarchetypus oft ununterscheidbar ineinander übergehen.

Mutter und opfert das Mädchen, ist er ein Anwärter auf das Schamanenamt in der nächsten Generation. Opfert er die Mutter und rettet das Mädchen, erringt er sich die Fähigkeit, ein gewöhnliches menschliches Leben zu führen. Entzieht er sich der Wahl, verliert er beide Frauen. Erst später im Leben wird er entdecken, welche von beiden er damals geopfert hat. Er ist dazu in der Lage, wenn er ein Bewußtsein aufbaut, das für alle Elemente der Geschichte den richtigen Platz und Rang findet. Eine solche Wahl und Erfahrung treten auf jeden jungen Mann zu, stets in der besonderen Sprache seines individuellen Lebens.

Die Ehefrau

Welche Erleichterung, endlich auf ein menschliches Wesen aus Fleisch und Blut zu treffen, nachdem man sich so lange mit der schrecklichen Anima auseinandergesetzt hat! Die Ehefrau eines Mannes hat besonders menschliche Züge. Sie besitzt einen individuellen Charakter, ist erfrischend konkret, hat Gewicht und Körper und ist zu zwischenmenschlichen Beziehungen imstande, was man sonst nicht von jedem Element des Weiblichen sagen kann. Auf wie viele Arten hat der Mann in der langen Geschichte der Ehe seine Frau schon behandelt! Er hat aus ihr eine Sklavin, eine Magd, ein Besitztum, ein Arbeitspferd, eine Gefährtin, eine Heldin, eine Göttin, ein Lustobjekt gemacht. Er hat ihr unzählige Rollen zugedacht, scheint aber entsetzlich unfähig zu sein, sie als das zu sehen, was sie wirklich ist: ein menschliches Wesen. Ein Mann, der eine Einstellung zu seiner Frau als zu dem besonderen Menschen, der sie ist, entwickelt, macht ihr wahrscheinlich das denkbar größte Kompliment. Wie oft schon habe ich zu einem Mann gesagt: »Gehen Sie jetzt nach Hause, hören Ihrer Frau nur eine halbe Stunde lang zu und finden heraus, wer sie wirklich ist!« Eine Offenbarung erwartet diesen Mann.

Die schlimmste Vermischung der Ebenen ereignet sich regelmäßig im Verhältnis eines Mannes zu seiner Ehefrau, und diese hat dann mit großer Wahrscheinlichkeit unter den schlimmstmöglichen neurotischen Strukturen des Mannes zu leiden. Später wird es unsere Aufgabe sein, diese Vermischungen zu untersuchen. Hier genügt es zu sagen, daß der Mann gerade im Verhältnis zu seiner Frau die gravierendsten Projektionen und Verfälschungen vornimmt. Nur wenige Göttinnen fühlen sich als die Persönlichkeit ernst genommen, die sie wirklich sind.

Die traditionellen Gesellschaften haben spezielle Formen und Normen für das Verhältnis des Mannes zur Ehefrau vorgeschrieben. Die Menschen erkannten damals mit ihrem gesunden Menschenverstand, daß die Mann-Frau-Beziehung in der Ehe Probleme aufwirft, denen diese Institution nicht gewachsen ist. Deshalb erließen sie strenge Sicherungsvorschriften. Unsere jüngsten Ausflüge ins Reich der Freiheit haben schwere Gefährdungen dieser Beziehung mit sich gebracht, und es wird unseres ganzes Einsatzes bedürfen, sie sorgfältig neu zu definieren.

Die Tochter

Die Beziehung des Vaters zur Tochter ist, richtig gehandhabt, etwas sehr Natürliches und Einfaches. Betreuung, Sicherheit, Pflege, Einführung in die Gesellschaft sind die Geschenke des Vaters an seine Tochter. Glücklich die Tochter, die das Gefühl der Sicherheit und Geborgenheit als Geschenk des Vaters ins Erwachsensein mit hineinnimmt.

Unschuld ist das Recht der Tochter in Gegenwart des Vaters. Sobald die Tochter reif ist, ihren Platz in der Welt der Erwachsenen einzunehmen, darf sie der Vater nach altem Brauch dem Mann anvertrauen, der mit ihr eine Erwachsenen-Beziehung aufnimmt. Das mag heute archaisch und naiv klingen, ist aber kein schlechtes Muster einer Vater-Tochter-Beziehung. Wir haben uns neue Muster zugelegt und lächeln vielleicht verächtlich über diese allzu einfache Vorstellung. Moderne Frauen würden es ablehnen, von einem Mann dem andern »überreicht« zu werden. Aber ein Körnchen Wahrheit steckt schon in dem alten Muster. Ein Mann bringt seine Tochter, wenn sie sein Haus verläßt, auf eine neue Bühne. Es kann sich um ihren Ehemann handeln, eine Karriere, ihre Selbständigkeit oder die individuelle Entwicklung, die das Geburtsrecht jeder Frau ist. In jedem Fall ist das Abschiedsgeschenk von Selbstvertrauen und Geborgenheit die größte Mitgift, die ein Vater seiner Tochter mitgeben kann.

Einfachheit charakterisiert das Verhältnis zwischen Vater und Tochter am besten. Schreckliche Gefahr droht, wenn ein Vater seine Grenzen überschreitet und seine Tochter in andere Bezirke seiner weiblichen Seite verwickelt. Eine Vater-Tochter-Beziehung behält ihre Frische und ihren natürlichen Zauber, wenn der Vater die anderen Aspekte seiner weiblichen Seite auf korrekte Weise lebt.

Sophia

Sophia ist eine Tiefe des Weiblichen, zu der nur wenige Männer vordringen. Nur wer sich das Recht zur Tiefe erworben hat, findet Zugang zu dieser Göttin. Sie ist umfassend, unpersönlich, stets mit einer Aura des Archaischen umgeben. Sie ist Trägerin des »Lichts der Natur«, jener besonderen Weisheit, die durch die Symbole Erde oder Mond repräsentiert wird. Die Sonne verkörpert männliche Weisheit und Licht, doch ist es der Mond oder die mit dem Öl der Erde gespeiste Lampe, die das milde, menschliche, wärmende Licht der Sophia verbreitet. Sie ist die Summe aller guten weiblichen Eigenschaften und zeigt sich nur einem Mann, der zu einer solchen Synthese fähig ist und nicht alles zu einem ununterscheidbaren Gemisch vermanscht. Gelangt ein Mann zu der Entwicklungsstufe, auf der diese Synthese gefragt ist, kann er sich auf den Genius der Sophia verlassen.

Alchemie – jene Schatzkammer psychologischer Einsichten, die man so oft fälschlich mit den Anfängen der Chemie identifiziert –, beschreibt in poetischer Sprache die Schritte, die zu dieser Synthese führen. Der Mensch begegnet zuerst der *Nigredo,* der Schwärze, Depression und Verzweiflung. Hat er sie durchschritten, gelangt er zur *Albedo,* der Helligkeit und Heiterkeit des Lebens. Hierauf macht er Bekanntschaft mit der *Rubedo,* der Röte des Lebens, die Leidenschaft, Leistung, die »Röte des Blutes« darstellt. Als letztes findet er die *Citrino,* das Gold des Lebens: Einsicht, Entsagung, Weisheit, Inspiration. Hat er diese vier Stufen bestiegen, ist er berechtigt, sich die *Pavones* (den Pfauenschwanz) anzueignen, der alle sich ergänzenden, herrlich schillernden Farben des Regenbogens in sich vereinigt. Geht er ungeschickt vor, erzielt er nur ein schmutziges Braun, die Mischung aller Farben des Regenbogens. Macht er es aber richtig, wird er mit dem Glanz des Lebens belohnt. Sophia selbst ist es, die über das »richtige« Vorgehen entscheidet.

Sie ist auch die Versöhnerin, die die harten Ecken und Kanten der männlichen Formen und Analysen abschleift und ihnen ein menschlich irdisches Gesicht gibt. Sie verfügt über genug Schatten und Dunkel, um das herrische, grelle Licht des Maskulinen zu mildern. In ihrem sanften Leuchten werden alle Dinge für ein irdisches Leben zubereitet. Zeus allein wäre, in seinem blendenden Sonnenglanz, zuviel des Guten. Doch wenn die milde Sophia vermittelnd eingreift, erscheint der Olymp in seiner wahren Herrlichkeit. Erkenntnis allein ist zu hart für menschliches Vermögen. Lunare Weiblichkeit allein wäre hoffnungslos diffus und verschwommen. Doch Sophia verbreitet in ihrer zeitlosen Weisheit gedämpftes Licht, das Bewußtheit, wunderbar abgestimmt auf das menschliche Leben, ermöglicht.

Die Hetäre

Hetäre ist die griechische Bezeichnung für eine besondere Art Frau – oder eine Fähigkeit aller Frauen: Gefährtin zu sein, Partnerin für geistigen Austausch, Symbol für Anmut und Schönheit, Quelle der Inspiration. Alle Frauen besitzen von Natur aus diese Hetäreneigenschaft. In manchen ist sie so ausgeprägt, daß sie vorherrschend wird. Sie ist in unseren modernen Zeiten nicht weniger mächtig als früher, doch haben wir keinen besonderen Namen für sie und kaum ein Gespür für diese eigenständige Seite des Weiblichen. Im alten Griechenland wurden Hetären zu Gastmählern bestellt oder eingeladen, um durch ihre Anmut und Schönheit zum Gelingen des Festes beizutragen. Die Hetäre war hochgebildet, wohlvertraut mit den Themen des Tages, ausgestattet mit der Gabe, einer Versammlung besonderen Charme zu verleihen – das ist einer der wertvollsten Dienste, die ein Mensch in geselligem Beisammensein leisten kann. Sie war makellos gekleidet, kannte alle Nuancen der Höflichkeit und des Kompliments, verbreitete Freude und Wärme. Keineswegs war sie eine Prostituierte. Man hätte eine Hetäre ebensowenig zu berühren gewagt wie die Königin selbst. Sie war das Weibliche an sich in höchster Würde und Grazie.

Niemals vergesse ich die Frau, die einmal tränenüberströmt zu mir kam, nachdem sie eine Typologie der Frau gelesen hatte. Sie schluchzte vor Dankbarkeit: »Ich bin also keine Hure, ich bin eine Hetäre!«

Unser Mangel an Differenzierung und die Armut unserer Sprache in Gefühlsdingen hatten ihr ein allzu dürftiges Selbstbild vermittelt, obwohl sie doch zum subtilsten Ausdruck des Weiblichen fähig war. Viele Frauen mit hochentwickelten Hetäreneigenschaften führen ein elendes Leben – sowohl auf Grund ihrer eigenen Selbstabwertung als auch in den Augen anderer. Wir besitzen keine Ausdrucksformen für die Hetärenqualität. Sie fühlt sich entweder schuldig und versteckt sich schamhaft hinter Masken oder haucht unter dem schweren Druck sozialer Repressionen ihr Leben aus.

Hetärenfrauen fühlen sich häufig ausgenützt und in ihrem Privatleben vollkommen verkannt. Oft heiraten sie nicht, weil die Hetäreneigenschaft etwas Unpersönliches an sich hat und nicht leicht zu normalen Beziehungen oder zur Gründung einer Familie führt. Es ist nichts Ungewöhnliches, daß eine Hetärenfrau am Ende ihres Lebens die normalen Aufgaben, die man von einer Frau erwartet, nicht erfüllt hat. »Ich fühle mich wie eine ausgepreßte Zitrone«, bemerkte eine solche Frau einmal. Ihre Hetäreneigenschaften machen sie höchst wertvoll für andere Menschen, gefährden aber ihre persönlichen Bedürfnisse als Frau.

In Japan gibt es noch die Geishas. Sie sind eine Ausprägung der Hetäre in der weitgehend »stilisierten« japanischen Gesellschaft. Leider hat die Geisha im modernen Japan viel von ihrer ursprünglichen Würde verloren und gilt oft nur noch als teure Prostituierte. Doch ihre Ursprünge liegen in jener liebenswürdigen Hetärenqualität, die die alten Griechen bewußt benannten und auszeichneten.

Soweit ich weiß, gibt es im Westen keine Ausdrucksform für dieses Prinzip des Weiblichen.

Vor vielen Jahren kannte ich eine Frau, eine Hetäre von Natur aus. Gelegentlich suchte ich sie in ihrer bescheidenen Wohnung auf, nur um die anmutige Heiterkeit zu genießen, die von ihr ausging. Die sorgfältig eingerichteten Räume legten Zeugnis für ihren feinsinnigen Charakter ab. Ihr Verhalten bewirkte, daß ich mich von meiner besten Seite zeigte. Eine von ihrer Hand gereichte Tasse Tee war lebendig gewordener Mythos. In ihrer Gegenwart wuchs mein Verstand über sich hinaus. Ich wußte plötzlich Dinge, die ich vor dem Eindringen in ihre Aura nicht gewußt hatte. Ich äußerte irgendeinen neuen Gedanken, der mir gerade, von ihrer Anwesenheit inspiriert, in den Sinn kam, und sie hob nur eine Augenbraue und sagte: »Oh.« Das inspirierte mich noch mehr, und ich ließ noch Geistreicheres vernehmen. Sie hob die andere Augenbraue und bestätigte dadurch meine Bemerkung. Ich war im siebten Himmel!

Man wird sagen, es handelte sich um eine unter Tee und Keksen camouflierte Liebesgeschichte. Trotzdem bin ich der Meinung, die Beziehung hatte einen so eigentümlichen Charakter, daß sie eine eigene Terminologie verdiente. Die Griechen dachten ebenso und legten solchen Frauen den Ehrennamen Hetäre bei. Die Japaner ehren sie mit der Bezeichnung Geisha. Wir ignorieren sie und berauben uns dadurch der kostbarsten weiblichen Werte.

Freundschaft

Es ist sonderbar, daß Freundschaften zwischen Mann und Frau so unerwartete Probleme aufwerfen. Auf den ersten Blick würde man doch meinen, Freundschaft sei eine einfache, unkomplizierte Angelegenheit, eine Art natürlicher Hafen der Wärme und Geborgenheit. Doch Freundschaft zwischen Mann und Frau ist nur möglich, wenn die oben behandelten Beziehungen zwischen dem Mann und seiner weiblichen Seite reife Beziehungen sind. Andernfalls gerät der Mann mit Sicherheit nur in eins der primitiveren Verhältnisse zu einer Frau, und die Freundschaft wird nur der Mantel sein, unter dem dieses primitivere Verhältnis gelebt wird. Nur ein reifer Mann ist zur Freundschaft mit einer Frau fähig.

Besitzt er aber diese Reife, ist ein ungemein zarter und rücksichtsvoller Gedanken- und Gefühlsaustausch möglich. Manche der schönsten Augenblicke im Leben eines Mannes liegen auf diesem Feld. Im Rahmen der Freundschaft zwischen Mann und Frau können sich Grazie, Würde, Schönheit und heitere Ruhe entwickeln, wie sie im sonstigen Leben kaum möglich sind. Glücklich zwei Menschen, die diese Art zwischenmenschlicher Kontakte kennen!

Freundschaft erfordert Zeit. Es handelt sich um eine verfeinerte Form der Beziehung zwischen zwei Menschen, die ohne Muße nicht auskommt. Muße ist ihr Herzblut. Ich liebe eine indische Sitte sehr. Will man mit jemandem Freundschaft schließen, stellt man sich schweigend in seine Nähe, am besten einen Schritt schräg hinter ihn. Schweigen, Warten, Zeit, Achtung vor dem Lebensraum, den der andere einnimmt – das sind die Elemente der echten Freundschaft. Auch die chinesische Kultur spricht auf subtile Weise von Freundschaft. Es gibt dort das Sprichwort, die fünfte Tasse Tee zwischen Freunden sei die beste. Im alten China machte man Tee, indem man heißes Wasser über lose Teeblätter in einer Tasse goß. Die Deutung des Sprichworts ist: wenn sich

zwei Freunde treffen, innerlich noch mit der Außenwelt be-
schäftigt und erregt, schütten sie die erste Tasse Tee ohne
weitere Förmlichkeiten schnell hinunter. Beim zweiten Auf-
guß läßt man sich schon mehr Zeit, und es dauert länger, bis
der Tee stark genug ist. Die dritte Tasse erfordert noch mehr
Zeit. Die fünfte Tasse steht für eine kostbare Menge Zeit,
bevor der Tee die nötige Stärke besitzt. Daher wird diese
fünfte Tasse zum Symbol für Freundschaft in ihrer edelsten
Ausprägung. Auch ein introvertierter Chinese braucht also
den ruhigen Fluß der Zeit, gemessen in Tassen Tee, um die
Innigkeit einer Freundschaft zu kennzeichnen. Es könnte
aber sein, daß noch ein anderer feiner, typisch chinesischer
Hinweis in diesem Symbol der fünften Tasse Tee steckt:
Unser Wort »Quintessenz«, was das Wesentliche, die Totalität
bedeutet, ist das lateinische »quinta essentia«, die fünfte Essenz. Totalität braucht Zeit.

Homoerotische Beziehungen

Schon beim ersten Schritt in die unklaren Regionen der homoerotischen Beziehungen macht uns der Mangel an geeigneten Begriffen zu schaffen. Wir werden hier improvisieren und unsere eigene Sprache entwickeln müssen, denn es handelt sich um Terra incognita. Nirgends ist das Englische so plump und unzureichend wie bei der Kennzeichnung zwischenmenschlicher Beziehungen, einer Domäne des Weiblichen. Kein Wunder, daß wir so viel unter unseren schlechten Beziehungen leiden und der westliche Mensch so einsam ist, wie nie ein Mensch zuvor in der Geschichte. ⌐Der Begriff »homoerotisch« leitet sich vom griechischen Gott Eros ab. Der für uns hier ausschlaggebende Gesichtspunkt ist, daß Eros seine Pfeile auf das Herz seiner Opfer, nicht auf ihre Genitalien abschießt. Wir werden daher das Wort »homoerotisch« gerade nicht auf sexuelle Kontakte anwenden. Homosexualität ist speziell der sexuelle Kontakt zwischen zwei Menschen gleichen Geschlechts.

Die homoerotische Fähigkeit eines Mannes dagegen ist seine Fähigkeit, eine Verbindung zum entgegengesetzten Pol, zum Weiblichen, in einem anderen Mann herzustellen. Es kann auf diese Weise zu einer besonderen Art des Gefühlsaustausches zwischen zwei Männern kommen, dessen charakteristische Merkmale in keiner anderen Beziehung zu finden sind. Eine innere, nicht auf Sexualität beruhende Nähe ist eine der zartesten, subtilsten Möglichkeiten zwischenmenschlicher Beziehungen. Unsere Gesellschaft pflegt auch so etwas unter den Allgemeinbegriff der Sexualität zu bringen. Aber diese gefühlsbetonte Nähe ist etwas so Eigentümliches, daß sie ihre besondere Terminologie verdient – die wir erfinden oder neu entdecken müssen, da in unserer Gesellschaft homoerotischen Beziehungen im allgemeinen kein Platz eingeräumt wird. Umgangssprachliche Bezeichnungen haben zum Teil die Lücke gefüllt, und wir sprechen mit einem gewissen Unbehagen vom »Kumpel« oder »Spezi«, wenn wir homoerotische Beziehungen charakterisieren wollen. Männerwitze schleichen, wie die Katze um den heißen Brei, um solche Beziehungen der Kameraderie und Zuneigung herum und machen einen großen Bogen um alles, was wie Homosexualität aussieht.

Jeder Mann muß sich bei uns seinen Weg durch die sprachlichen Minenfelder des Gefühls suchen, und wenn er Zeit und Sympathie mit seinem »Spezi« teilt, achtet er sehr genau darauf, ja nicht die Tabus unserer empfindungsarmen Sprache zu verletzen. Empfindungen zwischen Männern verbergen sich meist unter lautem Handtuch-Zuwerfen, ruppigen Worten, Imponiergehabe, Angabe und beiläufigen Bemerkungen.

Aber was steckt hinter diesem Gerede starker Männer oder Frauen?

Eine sprachliche Möglichkeit ist, solche Kontakte als Unterabteilung der Homosexualität aufzufassen und sie mit den Eigenschaften auszustatten, die heute in der Öffentlichkeit so ausführlich diskutiert werden. Doch meiner Meinung nach ist die homoerotische Komponente eine eigenständige Fähigkeit des Menschen, die, wie gesagt, ihre eigene Terminologie verlangt.

Indiens schönstes Geschenk an mich war, daß es mir eine lebendige, farbige Welt homoerotischer Beziehungen erschloß, die in mein Leben wie eine Offenbarung einbrachen. Welch eine Freude ist es, Herzlichkeit, Hingabe und Einfühlungsvermögen, verbunden mit so großer Treue, zu finden! Ich sah, welch einen Schatz an Wärme und Stabilität das Leben der Hindu durch solche Beziehungen zwischen Mann und Mann oder Frau und Frau gewann. Es wurde mir schnell klar, wieviel Glück aus dieser Fähigkeit entsprang. Voller Neid mußte ich mit ansehen, wie meine Hindufreunde eine ganze Welt der Sicherheit, des Glücks und der Freude aus ihren Männerfreundschaften bezogen. Diese waren locker, unkompliziert, herzlich und sicher auf eine Weise, wie ich sie vorher nirgends kennengelernt hatte. Da war ich offenbar auf eine mir bis dahin unbekannte Beziehungsgoldmine gestoßen. Zu meiner großen Freude entdeckte ich jedoch, daß ich ebenfalls diese Fähigkeit besaß und in dem Maße in diesen Strom eintauchen konnte, in dem ich mich von der kollektiven Furcht des Westens vor der Welt des Homoerotischen freimachte. Prompt hatte ich nach meiner ersten Indienreise auch einen sehr sprechenden Traum. Ich sah Queen Victoria als abgestorbenen Baumstumpf und beseitigte ihn mit einem Bulldozer. Es wurde mir auch sehr bald bewußt, daß alle Völker von Natur aus diese Fähigkeit zur Homoerotik besitzen und daß uns im Westen dieser besondere Reichtum des Lebens verlorengegangen ist. Wirklich, wir haben unser Geburtsrecht – was Empfindungen betrifft – für ein Linsengericht verkauft. Im Austausch dafür haben wir viel gewonnen, was ich keinesfalls missen möchte, doch dieser Gewinn hat uns das Gold gleichgeschlechtlicher Freundschaftsbeziehungen gekostet.

Der Hindujugendliche heiratet zweimal im Leben: zuerst seinen Spezi, dann seine Frau. Aber während ich dies schreibe, bin ich nahe daran, das ganze Thema wieder fallenzulassen, fehlt mir doch das geeignete Vokabular, mich verständlich zu machen. Heirat? Eines Mannes mit einem Mann? Unsere Sprachmuster verbieten uns solche Gedanken. Welche Worte wären hier angemessen? Es gibt sie nicht, und deshalb müssen wir uns diese herzlichen und stärkenden Kontakte versagen, obwohl sie zu den besten Möglichkeiten des Menschen gehören.

Ein Hindujugendlicher sucht sich schon als Kind einen Gefährten, und dieses Freundschaftsband wird von der Gemeinschaft aufmerksam beobachtet und auch anerkannt. Gerät einer der beiden in Not, tut der andere ganz selbstverständlich alles, um seinen Freund zu finden und ihm zu helfen. Verliert der eine seine Ehre, hat auch der andere darunter zu leiden. Zwischen den beiden besteht eine Art

Identität, ein Bund, der das ganze Leben über hält. Er ist unglaublich fest und enthält Facetten des Zwischenmenschlichen, die ein Westler nicht häufig erlebt. Parallelen finden sich bei amerikanischen Indianerstämmen.

Mit etwa 16 Jahren wird dann der Jugendliche mit einer Gleichaltrigen verheiratet. Diese zweite Heirat stellt einen ähnlich festen Bund fürs Leben dar. Einer meiner Hindufreunde wurde verheiratet, etwas später, als üblich ist, und wartete mit der Zeremonie, bis ich dabeisein konnte. Er hatte mich zu seinem Kameraden erkoren (wo ist die Bezeichnung, die einer solchen Beziehung gerecht wird?) und wollte natürlich unbedingt, daß ich an diesem einschneidenden Ereignis der Eheschließung teilnahm. Zwei Jahre danach besuchte ich diesen Freund in Indien wieder und bewunderte seinen Erstgeborenen. Viele sprachen den Umstand an, daß das Kind eine hellere Hautfarbe hatte als beide Eltern. Die Erklärung dafür war einfach: »Das ist Roberts Einfluß!« Die meisten Westler werden hier sofort einen peinlich schlechten Scherz vermuten. Aber kein traditionsbewußter Hindu hat Schwierigkeiten mit der Tatsache, daß mein Leben untrennbar mit dem meines Freundes verbunden ist. Mein Tagebuch war unser gemeinsames Eigentum, meine Bedürfnisse waren die seinen, wir waren in vielem gleicher Meinung (obwohl mir das nicht ganz leichtfiel, da ich weit individualistischer erzogen bin als er), und es stand außer Frage, daß meine helle Haut Bestandteil unserer gemeinsamen Idiosynkrasie war. Sprechen meine Freunde in Amerika überhaupt von der gleichen Sache, wenn sie sich über die Wirkungen Indiens auf mich auslassen?

Was wird aus dem Busenfreund eines Mannes, wenn dieser heiratet und eine Familie gründet? Der Busenfreund macht analoge Erfahrungen, und die beiden unterstützen und begleiten sich in allen Bereichen des Lebens. Jeder verbringt einen Großteil seiner Zeit mit seinem Freund und erweist ihm besondere Zuneigung und unveränderliche Sympathie. Oft

Teil II

Vermischung der weiblichen Elemente

Während jede direkte Begegnung mit dem Weiblichen völlig in Ordnung und fruchtbar ist, bringt eine Vermischung der Formen des Weiblichen nur Probleme in das Leben eines Mannes, mehr als alle anderen denkbaren Faktoren. Wir wollen im folgenden untersuchen, was geschieht, wenn diese Formen des Weiblichen, die, jede für sich genommen, eine Kraft eigenen Rechtes darstellen, bis zur Unkenntlichkeit vermischt und dadurch dunkel und problematisch werden. Natürlich, ein Mann wird wahrscheinlich all diese Formen einmal in seinem Leben erfahren müssen. Doch könnte er sich die Kämpfe sparen, die er durchfechten muß, wenn sie kontaminiert auftreten. Im Leben der meisten Männer herrschen diese Kontaminationen vor.

Wir richten nun unser Augenmerk auf die spezifischen Mischformen dieser Elemente des Weiblichen, die bei modernen Männern besonders häufig sind. Sie verursachen größtes Unglück, und Kenntnisse darüber, wie man es vermeidet, sind lebensentscheidend.

Die »Mutter« vermischt mit anderen Formen des Weiblichen

Am allerschwierigsten ist die Auseinandersetzung mit dem Weiblichen, wenn sich das Mutterbild eines Mannes mit anderen Elementen des Weiblichen – innerlich und äußerlich – verquickt. Und die schlimmste Form dieser Verquickung ist die Überlagerung von Mutter und Mutterkomplex. Nur sehr selten stößt man auf einen Mann, bei dem Mutter und Mutterkomplex nicht quälend chaotisch vermischt sind. Das ist etwas so Normales, daß fast jeder junge Mann sich damit herumschlagen muß. Schon ein oberflächlicher Blick auf das Problem zeigt, worin die Hauptschwierigkeit bei einer Überlagerung der beiden Elemente besteht. Das eine Element ist außen. Es ist das konkrete Wesen, die Mutter des Mannes. Das andere ist innen, der Zug nach rückwärts, der Defätismus, die regressive Tendenz, die in jedem Mann steckt. Vermischt ein Mann beide Elemente, kann es nicht ausbleiben, daß er seiner Mutter wegen seiner peinvollen Seelenkämpfe Vorwürfe macht, wegen des Drachenkampfes der Mythologie, der im Innern des Heranwachsenden tobt. Scharfe Auseinandersetzungen über nichts und wieder nichts finden zwischen Mutter und Sohn statt, wenn diese Mischung virulent wird. Er klagt seine Mutter an, sie mische sich ständig in sein Leben ein, und einen Moment später beklagt er sich, sie tue nichts für ihn. Aber der junge Mann muß notgedrungen seinen Drachen bekämpfen (seinen Mutterkomplex), oder er wird sich niemals vom Paradies seiner Kindheit losreißen und erwachsen werden. Naturvölker haben aufwendige Initiationsriten entwickelt, die dem Jugendlichen bei diesem Kampf helfen. Frauen sind dabei immer ausgeschlossen, besonders die Mutter des Initianden. Sie würde ihn nur an das Paradies erinnern, das er verlassen muß, um die Welt des Mannes zu betreten. In den Pubertätsriten verläßt der junge Mann symbolisch die Welt der Mutter, insbesondere des

Mutterkomplexes, und betritt die Welt der erwachsenen Männer. Dabei darf nichts den Jungen, der jetzt zum Mann werden soll, an die Welt erinnern, von der er sich verabschiedet.

In unserer Gesellschaft bekämpft der junge Mann fast stets die Mutter (oder einen Mutterersatz) statt seinen inneren Drachen. Ich bin Zeuge wunderbarer Gespräche zwischen Mutter und Sohn geworden, in denen wir den Unterschied zwischen der Erschlagung des Drachens und Vorwürfen gegen die Mutter herausarbeiten konnten. Erkennt jemand erst einmal, gegen was er eigentlich kämpft, wird ihm der Kampf viel leichter fallen. Man kann seinen Drachen auch erschlagen, ohne grob gegen die Mutter zu werden. Aber es ist wahr: Ein Jugendlicher bringt es einfach nicht fertig, höflich zu seiner Mutter zu sein (oder zur Welt der Mutter, wie diese für ihn auch aussehen mag), solange er seinen Drachenkampf nicht beendet hat. Das heißt, er wird erst Frieden mit seiner Mutter schließen können (und wäre es eine Heilige), wenn er seinen Mutterkomplex nicht mehr auf sie projiziert.

Viele Männer in unserer Gesellschaft produzieren fortwährend diese tragische Vermischung und bekämpfen daher dauernd ihre Mutter. Es gibt zahllose Varianten dieses Kampfes. Ganz oben auf der Liste steht die wirkliche Mutter des Mannes. Dann folgt die arme Kellnerin im Restaurant, die einen Wutanfall bei ihm auslöst, weil sie das Falsche gebracht hat. Es folgen die Sekretärin, die Schaffnerin und die Mutter in tausend anderen Verkleidungen. Sie alle rufen unweigerlich den Zorn des Mannes hervor, der zwischen innerem Komplex und äußerer Gestalt nicht zu differenzieren weiß.

C.G. Jung pflegte zu sagen, Patienten, die den Therapeuten aufsuchen, seien entweder 21 oder 45 Jahre alt, egal, wie alt sie wirklich sind. Der Eintritt ins Leben – der Drachenkampf mit 21 – prägt den ersten Teil im Leben eines Mannes. Aufgabe des 45jährigen ist dann die Verabschiedung vom materiellen und die Vorbereitung aufs spirituelle Leben. Sie beansprucht ihn im gesetzteren Alter. Diese beiden Übergänge sind die wichtigsten in der psychischen Entwicklung des Mannes, doch werden wir nur sehr mangelhaft auf sie vorbereitet.

Eine Freundin von mir bemerkte einmal, die einzigen Übergangsrituale, die wir in unserer Gesellschaft noch hätten, seien der Erwerb des Führerscheins mit 18 und der Bezug der Altersrente mit 65. Aber das sind recht armselige Übergangshilfen für die großen Einschnitte, die diese beiden Lebensstufen bedeuten.[1]

Amerika schickt sich zur Zeit an, eine neue Variante dieses Problems zu kreieren, bei der der Mann von 50 Jahren mit beiden Aufgaben aus dem Unbewußten konfrontiert wird. Hat ein Mann den mit 21 Jahren fälligen Übergangsritus nicht vollzogen, wird ihn das zeitlebens verfolgen. Überlagert das Problem dann den mit 45 Jahren fälligen Übergang noch, ergibt sich ein heilloses Kuddelmuddel. Der Mann wird versuchen, gleichzeitig Jugendlicher und reifer Mann zu sein. Denn es ist unmöglich für einen Mann, das im Alter von 45 Jahren erforderliche Opfer zu bringen, falls er nicht mit 21 Jahren das Leben mit starken Armen ergriffen hat. Man kann nicht etwas opfern, was man nie besessen hat.

Man braucht nur das Gesicht und die Kleidung irgendeines Mannes auf der Straße zu betrachten, um zu sehen, an welcher Stelle dieser Übergänge er sich befindet. Ein 50jähriges Gesicht auf einem jugendlich gekleideten Körper ist ein erschreckender Anblick.

Colin Turnbull erzählt in seinem reizvollen Buch »Der menschliche Kreislauf«[2], wie er Ende Zwanzig nach Indien kam und, malariakrank, in eine *Gurukula,* eine traditionelle indische Schule im Himalaya, verschlagen wurde, in der Jugendliche auf ihren Übergang ins Mannesalter vorbereitet wurden. Die Schüler waren alle 14 Jahre alt. Da Turnbull

---

1 Ich verdanke diese Bemerkung Gertrud Mueller Nelson.
2 Colin M. Turnbull, »*The Human Cycle*«, New York, Simon & Schuster, 1983.

selbst diesen Übergang niemals vollzogen hatte – er führt aus, daß sein englisches Gymnasium und die Universität Cambridge ihn in dieser Hinsicht im Stich gelassen hatten –, machte er einen neuen Versuch und rekapitulierte die Jahre von elf bis vierzehn in der indischen Schule. Das Glück und die Freude dieser Erfahrung durchziehen jede Seite des Buches.

Die meisten von uns haben nicht das Glück, über eine *Gurukula* im Himalaya zu stolpern. Statt dessen müssen wir den langen Kampf ausfechten, der in allen unseren Mythen beschrieben wird. Der junge Mann stellt sich dem Drachen, wird aber von unseren modernen Bräuchen und Konventionen kaum dabei unterstützt.

Leicht geschieht es auch, daß die eigene, unverwechselbare Mutter mit dem Mutterarchetypus gleichgesetzt wird, also mit der unendlich freigebigen Natur selbst und dem großen Füllhorn, aus dem alles Gute im Leben kommt. Ein solcher Mensch wird zeit seines Lebens jedes Ereignis damit vergleichen, »was Mutter in diesem Fall getan haben würde«. Das Bild seiner Mutter – ob sie noch lebt oder schon tot ist – macht er zum Maßstab für alles, was er erlebt. Dauernd zitiert er seine Mutter oder hält sie anderen Menschen als Beispiel vor. Sie ist der Zollstock, mit dem er alles mißt.

Was haben Frauen nicht schon von ihren Männern erleiden müssen, die ihnen dauernd in den Ohren lagen, ihre Mutter mache Apfeltorte aber anders!

Gravierende Probleme entstehen, wenn ein Mann Mutter und Anima miteinander verwechselt. Die Doppeldeutigkeit der Anima veranlaßt den Mann zu vielen Fehlern im Leben.

Ist die Beziehung eines Mannes zu seiner leiblichen Mutter gestört, passiert es leicht, daß er seine Anima, die weibliche Lebensspenderin im Innern, mit den Forderungen und Erwartungen seiner Mutter identifiziert. Ein »mutter-hungriger«

Mann – und dieser Hunger kann einen Mann zeitlebens beherrschen, wenn seine Mutter ihn nicht richtig behandelt hat – prägt sein Mutterbild allen Lebensumständen auf, und zwar auch in Bereichen, bei denen man es nie und nimmer erwartet hätte. Er betrachtet zum Beispiel seine Universität als Mutter, die Firma, für die er arbeitet, die Kirche, in der er sich aufgehoben fühlt, seine politische Partei, sein Volk – wir sprechen vom »Mutterland«. Deutsch ist meines Wissens die einzige Sprache, die von einem »Vaterland« spricht, von seinem Segelboot (alle Schiffe sind weiblich), und es gibt den Begriff »Schlampe«, der gerne ärgerlich auf Frauen angewendet wird, die nicht so spuren, wie der Mann es sich vorstellt. Es handelt sich hier um Entstellungen des Mutterbildes, die sich bis in den letzten Winkel eines Charakters bemerkbar machen können.

Die Vermischung von Mutter und Anima ist besonders zerstörend. Leidet ein Mann unter dieser Verwechslung, wird er jedem lebendigen Gefühl, das in ihm auftaucht, die Merkmale seiner individuellen Mutter aufprägen. Die Anima deckt sich nicht genau mit dem Gefühlsleben eines Mannes, doch in unserer armen Sprache ist *Gefühl* das Wort, das diese wichtige Dimension des männlichen Lebens noch am ehesten trifft. Ein Mann, dessen Gefühlswerte weitgehend von seinem Mutterbild überlagert werden, ist wirklich zu bedauern.

Denn diese Überlagerung verleitet ihn dazu, in jeder idealistischen Regung und jedem künstlerischen Versuch seine individuelle Mutter zu erblicken. Die Anima – sie gibt dem Leben eines Mannes Sinn und geistigen Hintergrund – ist der wichtigste Schmied seines Glücks. Wenn ein derart wichtiges psychisches Element vom persönlichen Mutterbild überlagert wird, ist ein Großteil der Kreativität des Mannes lahmgelegt.

Die Verwechslung von Mutter und Ehefrau ist so verbreitet, daß sie Cartoonisten und Spaßmachern in aller Welt unerschöpflichen Stoff liefert.

Wirklich zu bedauern ist die arme Frau, deren Mann sich stark mit seiner Mutter identifiziert hat und die nun im Schatten ihrer Schwiegermutter leben muß. Im Schatten der wirklichen Schwiegermutter zu leben, wäre noch gar nicht so schlimm. Aber gegenüber dem Schatten des Mutterbildes ihres Mannes ist die Frau machtlos. Viele Männer heiraten nicht wirklich, sondern entdecken ihre Mutter in der Jüngeren, der Ehefrau, wieder. Wenn die Frau beim bloßen Gedanken an den Besuch der Schwiegermutter in Tränen ausbricht, ist das wahrscheinlich ein Gradmesser für die Intensität der Mutteridentifikation ihres Mannes.

Nicht allzu häufig verwechselt ein Mann seine Mutter mit seiner Tochter. Selten verlangt ein Mann von seiner Tochter, bemuttert zu werden, aber es kommt immerhin vor. Ist zum Beispiel die Ehefrau verstorben oder abwesend, schiebt der Ehemann gern seiner großen Tochter die Mutterrolle zu. In traditionellen Familien Englands wird oft eine Tochter nach dem Tod ihrer Mutter gebeten, im Hause zu bleiben und den Vater zu versorgen. Das läuft auf ein Todesurteil für die Tochter hinaus, und falls sie diese Last tatsächlich auf sich nimmt, bedeutet das, daß sie ihr eigenes Leben als Frau total opfert. Mit großer Wahrscheinlichkeit heiratet sie nicht und ist ständig dem Druck ausgesetzt, ihre eigenen Bedürfnisse für die Mutter-Tochter-Überlagerung zurückzustellen.

Sehr oft werden auch Mutter und Sophia miteinander verquickt. Es ist ohne weiteres möglich, daß ein Mann seine Mutter vergöttert und sie wie die Sophia behandelt. In diesem Fall stellt seine Mutter für ihn zeitlebens den Maßstab und die Verkörperung aller Weisheit dar. Dieser Zug tritt vor allem bei Männern hervor, die eine sehr kluge oder dominante Frau als Mutter hatten. Deren Vorstellungen, Einsichten und Ansichten werden dann sein Leben beherrschen, sofern er nicht zwischen seiner individuellen Mutter und der Göttin der

Weisheit zu differenzieren vermag. Nicht selten ist das ein angenehmer Zustand. Er ist aber im Grunde unfruchtbar, da die weibliche Seite des Mannes keine Chance besitzt, sich auszudrücken. Auch wird ein solcher Mann keiner lebendigen Frau in seinem Leben erlauben, kreativ zu sein. Eine Frau in einer vom Mutterbild des Mannes beherrschten Familie hat wenig Möglichkeiten, ihre eigene Weiblichkeit zur Geltung zu bringen. Nur aus den tiefen Quellen der weiblichen Seite des Mannes entspringt wahrhaft schöpferisches Handeln. Und nur ein Mann, der sich in dieser Hinsicht Klarheit verschafft hat, wird seiner Ehefrau oder anderen Frauen seiner Umgebung eigene Kreativität zugestehen. Eine gute Mutter kann einem Mann auf den Weg helfen. Doch muß er sie am Ende beiseite schieben, wenn er seine eigene schöpferische Quelle finden will. Mit Gottes Hilfe wird eine kluge Mutter das einsehen und ihrem Sohn bei diesem Übergang behilflich sein. Schlecht ist der Mann dran, dessen Mutter nicht aufhört, die Königin seines Lebens sein zu wollen.

Die Überlagerung von Mutter- und Freundschaftsprinzip ist segensreich, falls ein Mann die notwendige Bewußtseinsarbeit geleistet hat und zur Freundschaft mit einer Frau fähig ist. Es ist wirklich sorgfältigste Bewußtseinsarbeit in dieser Hinsicht erforderlich, doch wenn eine solche Beziehung gelingt, ist es wunderbar. Abraham Lincoln beschrieb eine derartige Beziehung zu seiner Stiefmutter, die eine so große Rolle in seiner Entwicklung spielte. Weise der Mann und ebenso weise die Mutter, zwischen denen sich eine solche Freundschaft entwickelt!

Mutterkomplex-Vermischungen

Die dunkelsten Erfahrungen im Leben macht ein Mann in Verbindung mit seinem Mutterkomplex. Obwohl auch diese regressive Tendenz, die auf dem Grund jeder männlichen Seele ruht, ihre Berechtigung hat, entstehen aus ihr mehr Schwierigkeiten als aus jedem anderen psychischen Faktor. Ein Großteil dessen, was in der alltäglichen Psychologie als äußerer Mutterkomplex diskutiert und der Beziehung des Mannes zu seiner wirklichen Mutter zugeschrieben wird, ist eigentlich eine Auswirkung des inneren Mutterkomplexes. Der Mann macht seiner Mutter oft Vorwürfe wegen Dingen, die in Wirklichkeit seinem Mutterkomplex entstammen. Seine Mutter mag zu dieser inneren Befindlichkeit beigetragen haben. Doch führt diese selbst dann ein separates Eigenleben, unabhängig von der Frau, die seine Mutter war. Der Mutterkomplex ist die regressive Tendenz im Mann, sein Wunsch nach Rückzug auf eine frühere Entwicklungsstufe, auf der er sich sicher fühlen konnte. Nichts ist so gefährlich für einen Mann wie ein unaufgelöster Mutterkomplex. Ein Leben auf der Straße oder in der Rehabilitationsklinik für Drogen- und Alkoholabhängige droht Männern mit schwerem Mutterkomplex. Betrachten wir einige Mischformen des unaufgelösten Mutterkomplexes.

Beispiele für Männer, die an einer Verquickung von Mutterkomplex und Mutterarchetypus leiden, sind überall zu finden. Wenn die Vitalität eines Mannes im Kern gebrochen oder angeschlagen ist, liegt das im allgemeinen daran, daß sein Mutterkomplex – die Regressionstendenz in ihm – den Mutterarchetypus, das Herz seines Daseins, überwältigt hat. Solche Menschen klagen unaufhörlich, das Leben behandle sie stiefmütterlich, alles gehe ihnen schief und alle seien gegen sie. Sorgfältige Prüfung zeigt dann immer, daß einfach ihr Wille zu versagen, die Oberhand über ihren Lebenswillen gewonnen hat. Die Erscheinungsformen des Mutterkomplexes sind Legion.

Die Verwechslung von Mutterkomplex und Anima ist ein ernstes Problem und ziemlich verbreitet. Projiziert ein Mann die tödliche Strahlung seines Mutterkomplexes auf seine Anima, wird ihm keine schöpferische oder freudige Aktivität im Leben mehr gelingen. Seine Anima, die Eigenschaft innerer Heiterkeit und Lebendigkeit, wird dann vom Schwergewicht seines Regressionsbedürfnisses und seines grundsätzlichen Pessimismus erstickt. Auch hier wieder ist der Befreiungskampf gegen den Drachen das einzige Heilmittel.

Die Mythologie vieler Sprachen bietet zahlreiche Geschichten, in denen der Mann eine schöne Jungfrau aus der Gefangenschaft bei einem Drachen befreien muß, ehe er sie gewinnt und mit ihr fortzieht, um »glücklich zu leben bis ans Ende ihrer Tage«. Auf diese Weise drückt der Mythos die Notwendigkeit für den Mann aus, seine Anima aus den Klauen des Mutterkomplexes zu befreien und sich das Recht auf Entwicklungsfortschritte im Leben zu erobern.

Viel Imponiergehabe und Halbstarkenattitüde des Jugendlichen ist bloß die Oberfläche des unbewußten Kampfes zwischen seinem Mutterkomplex und seiner Anima. Wenn ein junger Mann dauernd Tarzan spielen und seine Stärke oder Intelligenz unter Beweis stellen muß, zeigt er, ohne es zu wollen, seiner Umgebung nur, daß in ihm der schreckliche Drachenkampf tobt, in dem er seine Individualität aus dem Verlies des Mutterkomplexes befreien will. Die meisten dieser Schaukämpfe werden vor den Augen einer bewundernden *schönen Jungfrau* ausgetragen, was aufs deutlichste beweist, daß der junge Mann hofft, aus der Dunkelheit seines Mutterkomplexes auszubrechen und seine Energie der Anima zuzuführen, die sein Leben beseelen und ihm einen Platz in der Welt reifer Männer zuweisen soll. Der Einsatz bei diesem Kampf ist das Leben selbst.

Viele Sportveranstaltungen sind nur Bilder für diesen archetypischen Kampf. Stierkampf in Spanien, Football in Amerika, Fußballspiele überall auf der Welt – es handelt sich um Ereignisse, bei denen der junge Mann die Heldenrolle übernimmt und den Drachen bekämpft. Es sind starke Symbole für Dinge, die der Mann in sich selbst ausfechten muß. Doch muß er sich erst von seiner Zuschauerrolle lösen, ehe er in seinen eigenen Drachenkampf eintreten kann.

Schlecht ist es um eine Familie bestellt, in der ein Mann seinen unaufgelösten Mutterkomplex auf seine Frau überträgt. Die Arme kann ihm dann nichts recht machen. Sie wird an jeder Bewegung gehindert und muß unaufhörlich gegen den destruktiven Pessimismus ihres regressiven Mannes ankämpfen. Wenige Frauen halten sich unter dem zerstörerischen Druck eines solchen Mannes aufrecht. Entweder verlassen sie ihn oder brechen unter der Last ihrer Verzweiflung zusammen und fallen dem Drachen des Mannes zum Opfer.

So kann der Mutterkomplex nicht nur den Mann selbst, sondern auch die Frau an seiner Seite zerstören.

Wieder ist es nur der heroische Drachenkampf des Mythos, der einen Mann vor einem solch düsteren Schicksal bewahrt.

Eine Vermischung von Mutterkomplex und Tochter geschieht nicht allzu häufig. Erfolgt sie aber, wird die Tochter des Mannes mit der schweren Hypothek des väterlichen Mißtrauens und seiner Ängste ins Erwachsenenleben eintreten. Ihres Vaters Einstellung zur Frau wird Teil ihrer eigenen Weltsicht werden, so daß sich die väterliche Fehlhaltung, seine Düsterkeit und sein Pessimismus, auf sie übertragen. Man fühlt sich hier an den Ausspruch der Bibel erinnert: »Die Sünden der Väter werden heimgesucht bis ins dritte und vierte Glied.« Versteht man hier das Wort *Sünde* als Fehlhaltung des Mannes, behält das Bibelwort eine stets aktuelle Bedeutung.

Ein Mann mit einem nicht gelösten Mutterkomplex wird kaum Zugang zur Sophia, der Göttin der Weisheit, gewinnen. Die mehr philosophische Lebenseinstellung, die den Wert der zweiten Lebenshälfte des Mannes ausmacht, wird sich unter dem Pessimismus und der Destruktivität des Mutterkomplexes nicht entwickeln können. Nicht einmal die Göttin der Weisheit selbst vermag den Auflösungstendenzen des Mutterkomplexes standzuhalten.

Es erübrigt sich fast, darauf hinzuweisen, daß Freundschaft eines Mannes mit Frauen bei einem nicht bewältigten Mutterkomplex unmöglich ist. In der regressiven, destruktiven Atmosphäre des Mutterkomplexes hat die unbeschwerte, gelöste Atmosphäre zwischen Freunden keine Chance.

Oft spürt man bei einer Begegnung zwischen Mann und Frau fast körperlich, wie ein schönes Potential, das schon aufkeimen will, plötzlich wieder erstirbt, weil der Mutterkomplex sich bemerkbar macht. Bei einer solchen Begegnung reichen schon ein paar Sekunden, und statt einer vielversprechenden Entwicklung breitet sich lastendes Schweigen aus. Ursache ist der Mutterkomplex. Die beiden suchen dann nach einem Weg, die spannungsgeladene Situation irgendwie zu meistern. Was eine aufregende Entdeckungsfahrt ins Wesen des Partners hätte sein können, kann in erstaunlich kurzer Zeit durch den Mutterkomplex abgewürgt werden. C.G. Jung sagte, ein kontaminiertes Unbewußtes könne wie ein Giftgasnebel zwischen zwei oder mehreren Menschen liegen. Alles schöpferische Geschehen wird dann unmittelbar gebremst.

Vermischungen des Mutterarchetypus

Bei der Untersuchung des Mutterarchetypus stößt man auf so viel Freude und Helligkeit, daß es auch schwerfällt, auf den Mischformen irgendwelche dunkle Stellen zu entdecken. Doch bei näherem Hinsehen ergibt sich, daß Vermischungen in diesem Lebensbereich ähnlich ernste Folgen haben können wie in allen anderen. Für sich betrachtet ist der Mutterarchetypus reines Gold. Aber dieses reine Gold kann ins Gegenteil verkehrt und unwirksam werden, wenn es mit anderen Eigenschaften auf eine Weise vermengt wird, die der Göttlichkeit des Mutterarchetypus Abbruch tut.

Häufig verlangt der Mann von seiner Anima, die Rolle des Mutterarchetypus für ihn zu spielen. Wie wir gesehen haben, kommt die Anima am besten zur Geltung, wenn sie als Verbindungsglied zwischen Persönlichkeit und den Tiefenschichten des kollektiven Unbewußten wirkt. Sie ist es, die Dichter, Seher und Idealisten aus uns allen macht. Verquickt aber ein Mann die Muttereigenschaft mit der Anima, kontaminiert er mit großer Wahrscheinlichkeit seine schöpferischsten Fähigkeiten mit dieser Muttereigenschaft. Und das ist keine fruchtbare Verbindung, mag der Mutterarchetypus auch noch so positiv sein. Die Anima und den Mutterarchetyp auseinanderzuhalten verlangt sorgfältigste Differenzierung, was in unserer Kultur keineswegs immer beachtet wird. Die Jungfrau Maria, jene feine Verkörperung des Mutterarchetypus, wird zwar als unsere geistige Mutter aufgefaßt, aber zugleich ist sie Verkörperung der Schönheit und Anmut einer jungen Frau, der Anima. Vielleicht ist das keine so schlechte Mischung, aber ich glaube, ein Mann würde seiner Anima und seinem Mutterarchetyp doch den besten Gefallen erweisen, wenn er sie nicht miteinander vermischen würde.

Nie vergesse ich ein Erlebnis als junger Mann, durch das ich größere Klarheit in meiner Anima-Mutterarchetypusbeziehung gewann. Ich bin als Protestant aufgewachsen, fühlte mich aber schon immer sehr von den Symbolen des Katholizismus angezogen.

In einer Lebenskrise entschloß ich mich, mein Herz der Jungfrau Maria auszuschütten und zu versuchen, Kontakt mit dieser Quelle der Gnade und Barmherzigkeit herzustellen. Ich suchte mir die schönste katholische Kirche in Los Angeles aus, erbaut nach dem Vorbild eines prächtigen Gebäudes in Sevilla in Spanien und berühmt für ihre herrlichen Skulpturen, und näherte mich in einem ruhigen Augenblick der wunderschönen Statue der Jungfrau. Niemand sonst war in der Kirche, und ich lag auf den Knien und breitete mein Herz vor der Jungfrau aus.

Das ging soweit ganz gut, bis mir plötzlich auffiel, daß der Heiligenschein um das Haupt der Figur aus einer leuchtenden Neonröhre bestand. Das machte der vertrauensvollen Stimmung in mir abrupt ein Ende, und ich verließ das Gebäude, um niemals mehr mein Inneres einem sichtbaren Bildnis zu öffnen. Vielleicht hatte eine Überlagerung irgendwelcher psychischer Schichten den Zauber gebrochen. Es war mir unmöglich, zu dieser Ausdrucksform des Glaubens Vertrauen zu fassen.

Es ist ein Gemeinplatz, daß ein Mann den Mutterarchetypus auch seiner Frau überstülpen kann. Sind es wenig differenzierte Menschen, hält die Ehe möglicherweise, doch in jedem Fall ist die Projektion eine schwere Hypothek für die Frau. Es ist ja keine kleine Aufgabe, für einen Mann die Spenderin aller guten Gaben Gottes darstellen zu müssen. Das überfordert jede Frau, außer die allerschlichteste. Verlangt ein Mann von seiner Frau, diese Spenderin von Güte und Fülle zu sein, ist ihr das in der Regel zu viel, und sie entzieht sich so oder so dieser Überbeanspruchung. Ich kannte eine Frau, die ihrem Ehemann alles sein sollte, alles, was erhaben und edel ist. Nach zwei bis drei Jahren ließ sie sich mit einem Playboy ein.

»Das wird ihm schon zeigen, daß ich keine Heilige bin!« war ihr Kommentar dazu.

Niemand ist gern ein Heiliger für einen anderen. Zuerst mag das ganz verlockend sein, aber im Lauf der Zeit ist es einfach zu anstrengend.

Die Kombination aus Mutterarchetypus und Freundschaftsprinzip eröffnet ungeahnte Möglichkeiten. Wer zur Freundschaft mit einer Frau fähig ist und sich das Recht dazu erworben hat, wird vieles von der Schönheit des Mutterarchetypus in seiner Freundin wiederfinden. Es kann ein Austausch charmanter Liebenswürdigkeiten, gegenseitiger Bewunderung und Einsichten zwischen zwei solchen Menschen stattfinden, der den Beteiligten sehr viel gibt. Doch sogar hier ist der Hinweis angebracht, daß das Beste nur möglich ist, wenn jemand im Bewußtsein der beiden Ebenen lebt, auf denen dieser Austausch vonstatten geht.

Indien bietet eine Fülle von Beispielen für diese Kombination von Fähigkeiten. Die innigsten Freundschaften existieren zwischen Männern und älteren Frauen. In Indien ist der Mutterkomplex anscheinend nicht so stark ausgeprägt und läßt Raum für konstruktivere Mutterbeziehungen. Ein Mann wird dort als Kind mehr bemuttert als in jedem mir sonst bekannten Volk und tritt mit einem Minimum an Belastung durch den Mutterkomplex ins Erwachsenenleben ein.

Da es so ist, und indische Männer problemlosere Beziehungen zum Mutterarchetypus besitzen als wir in unserer westlichen Kultur, finden sich auch häufig Frauen in ihrer Umgebung, die die Rolle des Mutterarchetypus für sie übernehmen. Sie beziehen viel Kraft und Anregung daraus. Oft nennt der Mann eine solche Frau Mutter, und die soziale Struktur Indiens ist diesem Austausch recht günstig.

Animavermischungen

Traditionsgemäß verbringt ein Mann ein paar selige Wochen (man nennt sie Flitterwochen, weil der Ernst der Ehe noch nicht begonnen hat) mit seiner frisch angetrauten Frau. Dann fängt die Zeit der harten Realitäten an, und er entdeckt, daß seine Frau nicht seine Anima ist und nicht alle Erwartungen, die er an sie stellt, erfüllt. Die Entdeckung, daß die Ehefrau nicht die Anima ist (vielleicht hat einer sogar eine Frau geheiratet, die gerade das Gegenteil dessen ist, was er sich vorgestellt hatte!), ist der Beginn der wirklichen Beziehung.

Alles Vorausgehende war nur Projektion, es sei denn, beide hatten, was ungewöhnlich ist, schon vorher bewußt die Kunst der zwischenmenschlichen Beziehung gepflegt.

Seine Frau mit den Animaerwartungen zu verwechseln, ist ein in unserer Welt sehr üblicher Irrtum. Welche Frau muß ihrem Mann nicht erst klarmachen, daß sie ein Mensch ist und keine Verkörperung von Erwartungen?

Die meisten Emanzipationsbestrebungen der Frau des 20. Jahrhunderts beruhen auf ihrer instinktiven Weigerung, sich als Verkörperung der Anima ihres Mannes mißbrauchen zu lassen. Die Frau unserer Zeit ist eine Persönlichkeit eigenen Rechts, nicht Trägerin der Erwartungen ihres Mannes. Das ist einer großen Befreiungstat der Frau zu verdanken. Die Folge ist, daß der Mann lernen muß, seine eigene weibliche Seite zu entwickeln und innerlich die Verantwortung für sie zu übernehmen. Dann, und wahrscheinlich erst dann, ist er in der Lage, die Frau als das herrliche Geschöpf zu sehen, das sie wirklich ist.[1]

Anima und Tochter sind eine derart explosive Mischung, daß es erst in jüngster Zeit möglich wurde, offen darüber zu

---

1 Weitere Gedanken zur Rolle der Anima in unserer westlichen Kultur finden Sie in meinem Buch »We«.

sprechen. Als das Tabu einmal gebrochen war, erzählte eine Unzahl von Frauen, wie sie in der Kindheit von ihren Vätern physisch oder psychisch mißbraucht wurden. Die Projektion der Anima eines Mannes hat, besonders für Westler, bei denen sie gewöhnlich auch ins Sexuelle hinüberspielt, bei der Tochter absolut nichts zu suchen. Ein kleiner Fehler genügt, und der Animabezug des Vaters auf die Tochter – offen praktiziert kriminell, verdeckt gelebt schädlich – zerstört die Tochter in kürzester Frist. Lernt ein junges Mädchen die Werbung um den Mann von ihrem Vater, wird sie ihres Vaterbildes beraubt und zu einem inzestuösen Leben verführt, das ungeheuer destruktiv ist.

Wie sehen heute die Statistiken über Belästigungen von Mädchen durch ihre Väter aus? Die Zahlen sind erschreckend und beweisen leider, wie sehr es uns an Differenzierung in den weiblichen Aspekten des Mannes fehlt. Kein Mann, der auch nur rudimentär erkennt, daß mehrere Aspekte des Weiblichen in ihm existieren, wird seine Anima auf die Tochter beziehen. Doch selbst diese rudimentäre Erkenntnis ist selten, nach den Statistiken über Kindesmißbrauch zu schließen. Von allen psychischen Verunreinigungen, deren der Mensch fähig ist, ist diese eine der schlimmsten.

Die Dichter der Mystik sprechen oft in der Sprache der Liebenden vom Verhältnis zwischen dem bußfertigen Sünder und der Göttin der Weisheit. Vielleicht ist die Gleichsetzung von Anima und Sophia legitim, doch käme mehr dabei heraus, wenn der Mann klar zwischen den beiden unterscheiden könnte. Sophia ist eine Göttin und läßt sich nicht für die persönlichen Interessen eines Menschen einspannen. Ein Mann, der sich mit Sophia einläßt, läßt sich mit einer Göttin ein und muß daher der persönlichen Dimension seines Lebens entsteigen. Vermengt er die Anima mit seiner Beziehung zur Sophia, verdirbt er die himmlische Erscheinung durch persönliche Interessen.

Die himmlische Verbindung zur Sophia ist schnell zerbrochen, sobald ein Mann sie personalisiert. Ein Beispiel dafür wäre ein großer Wissenschaftler oder Erfinder, dessen Genie der Menschheit neue Werte schenkt. Würde er eitel oder größenwahnsinnig deswegen, wäre das eine unzulässige Vermischung beider Elemente: des Genius in der Tiefe seines Wesens und seiner rein persönlichen Bedürfnisse.

Semele, Mutter des Dionysos, bat Zeus, ihren Geliebten, um etwas sehr Irdisches, und wurde wegen dieses Irrtums zu Asche verbrannt. Das ist ein wunderbares Beispiel dafür, was einem Sterblichen zustößt, der persönliche Elemente ins Reich des Geistes, wohin sie nicht gehören, hineinträgt.

Die Anima-Sophia-Vermischung kommt bei Männern selten vor, weil nur wenige überhaupt je mit den himmlischen Elementen in Berührung kommen. Doch wenn jemand über genügend Intelligenz verfügt, um Kontakte zu Göttern und Göttinnen zu knüpfen, muß er alles tun, um derartige Vermischungen zu vermeiden. Die unzähligen Schauermärchen von hochintelligenten Männern, die ihre Macht töricht mißbraucht haben, sind moderne Versionen dieser äonenalten Geschichte.

Freundschaft zwischen Mann und Frau ist eine der ergiebigsten zwischenmenschlichen Beziehungen. Ein zartfühlendes, rücksichtsvolles, intelligent gehandhabtes Verhältnis zwischen den beiden bringt die besten Seiten jedes Partners zum Vorschein. Die Folge kann eine geistige Symbiose sein, ebenso tief wie eine körperliche Beziehung. Doch wird ein Mann die sich anbahnende Freundschaft zu einer Frau in der Regel zerstören, weil sich unvermerkt seine Anima einmischt und er der Frau den Hof macht.

Jede Frau, die sich die Freundschaft eines Mannes wünscht, muß befürchten, daß sich die Beziehung in eine Bewerbung oder gar Besitzergreifung durch den Mann verwandelt. Sie zögert, ihre besten weiblichen Seiten in den neuen Freundschaftsbund einzubringen, da Sprache und Sitte bei uns nur unzureichend zwischen den Möglichkeiten des Weiblichen differenzieren, die ein Mann besitzt. Flirtet er nur? Oder macht er ihr den Hof? Versucht er, sie zu unterwerfen? Oder ist er fähig zur Freundschaft und ein verläßlicher Gefährte? Eine Frau wäre sehr erleichtert, wenn sie sich sicher sein könnte, daß ein Mann zwischen diesen Möglichkeiten klar unterscheidet. Doch in unserer Kultur geraten diese Aspekte häufig so unentwirrbar durcheinander, daß sie nicht mehr weiß, was sie von dem sich ihr nähernden Mann halten soll.

Ein echter Freundschaftsbund zwischen Mann und Frau schenkt wirkliches Glück. Aber eine Vermengung unterschiedlicher Elemente, das jedes für sich durchaus seine Berechtigung hat, bringt nur Schmerz und Leid.

Vermischungen des Ehefrauprinzips

Ehefrau und Tochter vermengt ist dieselbe schreckliche Vermischung wie Anima und Tochter, wird aber durch den Umstand noch gefährlicher, daß sie leichter konkretisiert wird. Eines der stärksten Tabus in allen Gesellschaften bezieht sich auf die Möglichkeit, daß ein Mann aus einer Tochter seine Frau macht. Wie schon erwähnt, können aus einer solchen Vermischung nur menschliche Katastrophen entstehen.

Eine Überlagerung von Ehefrau und Sophia kommt nur selten vor, doch lohnt es sich, ein paar Beispiele anzuführen. Manchmal arbeiten Ehemann und Ehefrau, wenn sie schon älter geworden sind, bei einer Forschungsarbeit oder einem künstlerischen Projekt zusammen. Mit ihrer »Kulturgeschichte der Menschheit« zum Beispiel schenkten die Durants, ein verheiratetes Paar, der Welt ein tiefgründiges Werk. Es war das Ergebnis einer Teamarbeit in der Ehe unter dem Vorzeichen Sophias. Doch wollen wir hoffen, daß die beiden genügend Bewußtsein hatten, um die negativen Aspekte dieser Überlagerung zu vermeiden.

Sehr produktive Freundschaften können entstehen, wenn die Ehefrau auch als Freundin ihres Mannes fungiert. Schon manch großes Werk ist einem solchen Bund entsprungen, besonders bei älteren Ehepaaren. Eine derartige Überlagerung kann sich aber auch einfach als Partnerschaft zwischen Ehemann und Ehefrau äußern, eine der schönsten Früchte menschlicher Beziehungsfähigkeit.

Es wäre ein großes Kompliment für eine Ehe, könnte man von ihr sagen, sie habe nach den vielen Beziehungsarten, die das Paar schon durchlebt hat, ihren Gipfelpunkt in Gestalt einer Freundschaft erreicht. Edward Carpenter meinte, eine der höchsten Formen zwischenmenschlicher Beziehungen sei es, wenn ein Mann und ein Frau einander von ihrer Liebe zu einem Dritten erzählen können. Das wäre wirklich echte Freundschaft.

Freundschaft mit Sophia

Sophia und Freundschaft sind einander so ähnlich, daß trotz des Niveauunterschieds eigentlich nur Gutes aus ihrer Vermischung entstehen kann. Gleichwohl ist es auch hier von Nutzen zu wissen, welche Elemente auf welchen Ebenen im Spiel sind. Wahrhaft weise der Mann und die Frau, die den Himmel berühren und doch Bewußtsein genug besitzen, ihrer Beziehung eine Form zu geben, die dieser Qualität gerecht wird!

Schluß

Wir haben einen kleinen Überblick über die vielen Schichten des Weiblichen zu geben versucht, denen der Mann im Leben begegnen kann. So ein Unternehmen versetzt einen Mann immer einigermaßen in Staunen, da er selten von sich aus ein Verständnis für die weiblichen Elemente mitbringt, die er in sich trägt. Es stellt schon höchste Ansprüche an die meisten Männer, allein die äußeren Formen des Weiblichen, die ihr Leben verschönern, zu unterscheiden – Mutter, Frau, Schwester, Tochter und Hetäre. Doch gänzlich unbekanntes Terrain betritt er, wenn er die Formen des Weiblichen im eigenen Innern entdeckt. Er hat einfach nicht genügend Abstand, um sie deutlich ins Auge fassen zu können. Einem Mann von seiner inneren weiblichen Seite zu erzählen, sie ihm als Führerin zur Welt der Poesie, als Muse oder als Quelle der manchmal in ihm aufsteigenden Einfälle zu beschreiben, oder ihm auch ihre Verzerrungen in Gestalt seiner schlechten und verzweifelten Stimmungen vor Augen zu führen – all dies ist für die meisten Männer wie fremdes Land, in dem eine fremde Sprache gesprochen wird.

Was in diesem unbekannten Reich Orientierung vermittelt, ist bewußte Differenzierung. Allein diese kostbare Fähigkeit erlaubt es einem Mann, seine zahlreichen weiblichen Aspekte zu erkennen und auseinanderzuhalten. Und erst so gewinnen die Formen des Weiblichen ihre eigentliche und höchste Qualität. Ein Eldorado des Gefühls und der Inspiration eröffnet sich dem Mann, der bereit ist, zu dieser Klarheit durchzudringen.

Darin besteht die große Aufgabe unserer Zeit. Die Ritter früherer Jahrhunderte legten Helm und Rüstung an, griffen zu Schwert und Lanze und zogen hinaus in die Welt, um *da draußen* Eroberungen zu machen. Der moderne Held ist mit einer Fülle von Möglichkeiten ganz anderer Art konfrontiert: der verwirrenden Vielfalt weiblicher Innenelemente, die er retten, nähren, umwerben und schützen muß. Dazu braucht er eine neue Sprache und gänzlich neue Methoden und Einsichten. Nur so wird er seinen Weg in der modernen Welt machen können.

Gawan sagte zu König Artus: »Wir haben alles mit der Lanze gewonnen, und alles mit dem Schwert wieder verloren.« Das gilt ebenso für unsere Tage wie für die bunte Welt unserer ritterlichen Vorfahren. Die Lanze ist das Symbol der Differenzierung, der edlen Kunst des Trennens und Klärens. Das Schwert ist das grobe männliche Element, das mit brutaler Gewalt dreinschlägt und sich ungestüm seinen Weg durch die Hindernisse bahnt. Es ist viel zuviel Schwert in unserem modernen Charakter und viel zuwenig Lanze. Der moderne Mann, der als ein neuer Held fechten will, begebe sich aufs Feld der zwischenmenschlichen Beziehungen und der Elemente der weiblichen Seite. Dort wartet seine neue Rolle auf ihn.

Wie schrieb doch Goethe am Schluß seines Meisterwerks »Faust«: »Das ewig Weibliche zieht uns hinan.«

Robert A. Johnson

Bilder der Seele

Traumarbeit und Aktive Imagination

254 Seiten, Festeinband

Durch die beiden Methoden der Traumarbeit und Aktiven Imagination, die hier vorgestellt werden, können im Unbewußten schlummernde positive Eigenschaften und Anlagen geweckt und verborgene Begabungen bewußt und wirksam gemacht werden. Aufbauend auf der Psychologie C. G. Jungs entwickelt der Autor praktikable, nachvollziehbare Techniken zur Analyse und Deutung von Träumen und Phantasien.

In der heutigen Zeit der Außenorientierung und des »Seelenverlusts« versucht dieses Buch, dem Menschen das schon fast verlorengegangene innere Terrain wieder zurückzugeben und ihm einen selbständigen Standpunkt zu vermitteln.

IRISIANA

Ray Raphael

Vom Mannwerden

Übergangsrituale im westlichen Kulturkreis

276 Seiten, Festeinband

Was muß geschehen, damit sich ein heranwachsendes männliches Wesen als *Mann* empfindet? Zu welchem Zeitpunkt und wie geschieht der Übergang ins Erwachsenendasein? Wodurch werden die traditionellen Initiationsriten alter Kulturen in unserer modernen Industriegesellschaft ersetzt?

Um das herauszufinden, führte Ray Raphael Interviews mit einer Hundertschaft von Männern, von Ärzten über Jetpiloten, Spitzensportlern und Frauenhelden bis zum »Hausmann und Supervater«. Ray Raphaels Arbeit, eine wahre Lesefreude für beide Geschlechter, führt zu der Erkenntnis: Nur durch einen inneren, individuell verschiedenen und von Erfolgen und Mißerfolgen begleiteten Reifeprozeß kann man(n) erst »Mann werden«.

IRISIANA